广西全民阅读书系

文字的奥秘·认识天地

小学版

禹秀玲 著

广西全民阅读书系

广西出版传媒集团 广西人民出版社

图书在版编目（CIP）数据

文字的奥秘. 认识天地 / 禹秀玲著. -- 南宁：广西人民出版社，2025. 4. -- ISBN 978-7-219-11878-8

Ⅰ. H12-49

中国国家版本馆 CIP 数据核字第 20249DN587 号

WENZI DE AOMI · RENSHI TIANDI

文字的奥秘 · 认识天地

总 策 划　利来友

监　　制　赵彦红　吴小龙

统　　筹　罗　雯　张均华

责任编辑　张雪芹

责任校对　梁小琪

装帧设计　李彦媛　黄妙婕　杨若媛　王程媛

责任印制　吴　琼

出 版 人　唐　勇

出　　版　广西人民出版社

广西南宁市桂春路 6 号　邮政编码　530021

发行电话　0771-5523338

印　　装　广西民族印刷包装集团有限公司

开　　本　710mm × 1030mm　1/16

印　　张　12.25

字　　数　86 千字

版次印次　2025 年 4 月第 1 版　2025 年 4 月第 1 次印刷

书　　号　ISBN 978-7-219-11878-8

定　　价　34.00 元

目录

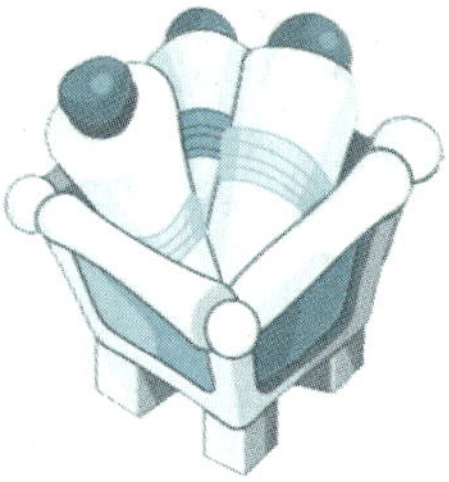

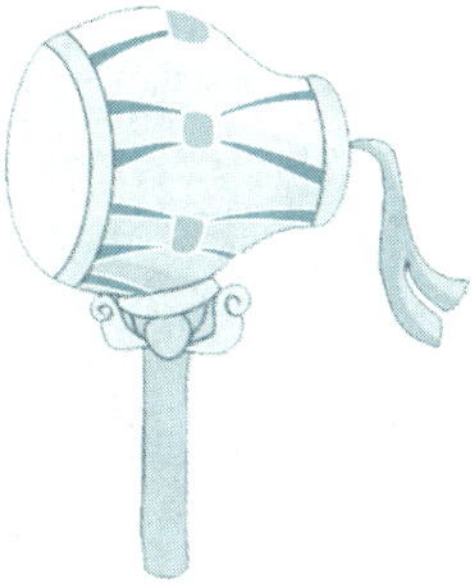

天

lán lán de tiān shàng bái yún piāo xiǎo péng you men tái qǐ tóu jiù
蓝蓝的天上白云飘，小朋友们抬起头就
néng kàn jiàn tiān tiān kōng liáo yuǎn fēng yún biàn huàn zài jiǎ gǔ wén
能看见天。天空辽远，风云变幻，在甲骨文
hé jīn wén lǐ tiān zì jiù yǒu xǔ duō xiě fǎ diǎn xíng de xiě
和金文里，“天”字就有许多写法，典型的写
fǎ yǒu liǎng zhǒng yì zhǒng shì tóu bù tè bié dà de rén de xíng
法有两种：一种是头部特别大的人的形
xiàng zhè shì yòng tiān lái biǎo shì rén de tóu dǐng lìng wài yì
象，这是用“天”来表示人的头顶；另外一
zhǒng shì yóu zài xiàng zhēng rén de dà zì shàng miàn huà le yì
种是由在象征“人”的“大”字上面画了一
héng lái biǎo shì shuō míng rén de tóu dǐng shàng shì tiān dào le xiǎo
横来表示，说明人的头顶上是天。到了小
zhuàn liǎng zhǒng zì xíng hé wéi yì tǐ tiān zì jiù bú zài biǎo
篆，两种字形合为一体，“天”字就不再表
shì tóu dǐng ér zhuān mén yòng lái zhǐ tóu dǐng shàng de tiān le yīn
示头顶，而专门用来指头顶上的天了。因
wèi dà zì rán de yí qiè dōu lǒng zhào zài tiān zhī xià suǒ yǐ zài
为大自然的一切都笼罩在“天”之下，所以在
gǔ rén yǎn lǐ tiān zhì gāo wú shàng dài biǎo zhe yǔ zhòu huò zhě zào
古人眼里，天至高无上，代表着宇宙或者造
wù zhǔ ràng tā men jìng wèi yě ràng tā men xiá xiǎng
物主，让他们敬畏，也让他们遐想。

tiān zì de yǎn biàn
【“天”字的演变】

甲骨文　金文　小篆　隶书　简体字

yīng yǔ yì diǎn tōng
【英语一点通】

“天”指“天空”时，英文是 sky，比如“蓝天”的英文就是 blue sky，其中 blue 指“蓝色”。另外，英文中还有一个词 heaven 也可表示“天、天空”。

kě ài de zǔ guó
【可爱的祖国】

tiān ān mén zuò luò zài zhōng huá rén mín gòng hé guó shǒu dū běi jīng de shì zhōng xīn， yǔ tiān ān mén guǎng chǎng gé cháng ān jiē xiāng wàng， tā yóu chéng tái hé chéng lóu liǎng bù fen zǔ chéng， shì zhōng guó gǔ dài chéng mén zhōng zuì jié chū de dài biǎo zuò。

天安门坐落在中华人民共和国首都北京的市中心，与天安门广场隔长安街相望，它由城台和城楼两部分组成，是中国古代城门中最杰出的代表作。

nián yuè rì zhōng huá rén mín gòng hé guó zài zhè lǐ jǔ xíng le kāi guó dà diǎn， tā shì zhōng guó gè zú rén mín xiàng wǎng de dì fang。

1949年10月1日，中华人民共和国在这里举行了开国大典，它是中国各族人民向往的地方。

日

xiàn dài hàn yǔ zhōng rì zì yǒu bái tiān yì tiān mǒu
现代汉语中，“日”字有“白天、一天、某
yí duàn shí jiān děng yì si qí shí rì de běn lái hán yì
一段时间”等意思。其实，“日”的本来含义
shì zhǐ tài yáng tā shì yí gè xiàng xíng zì yīn wèi tài yáng shì
是指太阳。它是一个象形字，因为太阳是
dú yī wú èr de yòu yīn wèi rì de zì xíng jiǎn dān ér zì yì
独一无二的，又因为“日”的字形简单而字义
yě yí mù liǎo rán suǒ yǐ rì zì cóng chuàng zào zhì jīn qí
也一目了然，所以“日”字从创造至今，其
xiàng xíng de zì xíng jī hū méi yǒu fā shēng shén me biàn huà zài jiǎ
象形的字形几乎没有发生什么变化。在甲
gǔ wén jīn wén zhōng rì shì yí gè biǎo shì tài yáng lún kuò de
骨文、金文中，“日”是一个表示太阳轮廓的
yuán quān tā zhōng jiān de yì diǎn huò yì héng zhǐ dài tài yáng yào
圆圈，它中间的一点或一横，指代太阳耀
yǎn de guāng máng dào xiǎo zhuàn shí rì zì biàn de shòu cháng
眼的光芒。到小篆时，“日”字变得瘦长，
jiàn qū fú hào huà jīng lì shū yǎn biàn rì zì zé gèng jiā fāng
渐趋符号化；经隶书演变，“日”字则更加方
zhèng zài hàn zì zhōng rì zì hái bèi yòng zuò bù shǒu bǐ
正。在汉字中，“日”字还被用作部首，比
rú shài chén hūn xù hàn děng zì tā men de zì yì
如“晒、晨、昏、旭、旱”等字，它们的字义
jī běn dōu yǔ tài yáng huò qí guāng máng yǒu guān
基本都与太阳或其光芒有关。

rì zì de yǎn biàn
【“日”字的演变】

甲骨文　金文　小篆　隶书　简体字

yīng yǔ yì diǎn tōng
【英语一点通】

“日”指“太阳”时，英文是 sun。和 sun 读音相同的还有一个词 son，是“儿子”的意思。另外，当“日”表示“一天、一日”时，英文是 day。小朋友可以用“儿子每一天都看太阳”这句话来联想记忆 son、day 和 sun 这三个单词。

kē pǔ xiǎo zhī shi
【科普小知识】

rì shí yòu jiào rì shí zài yuè qiú yùn xíng zhì tài yáng yǔ
日食，又叫日蚀，在月球运行至太阳与
dì qiú zhī jiān shí fā shēng zhè shí duì dì qiú shàng de bù fen
地球之间时发生。这时对地球上的部分
dì qū lái shuō yuè qiú wèi yú tài yáng qián fāng lái zì tài yáng
地区来说，月球位于太阳前方，来自太阳
de bù fen huò quán bù guāng xiàn bèi dǎng zhù kàn qǐ lái hǎo xiàng
的部分或全部光线被挡住，看起来好像
shì tài yáng de yí bù fen huò quán bù xiāo shī le rì shí zhǐ zài
是太阳的一部分或全部消失了。日食只在
shuò jí yuè qiú yǔ tài yáng chéng xiàn chóng hé de zhuàng tài shí
朔，即月球与太阳呈现重合的状态时
fā shēng rì shí fēn wéi rì piān shí rì quán shí rì huán
发生。日食分为日偏食、日全食、日环
shí guān cè rì shí shí rú guǒ nǐ méi yǒu zhuān yè shè bèi jiù
食。观测日食时，如果你没有专业设备就
bù néng zhí shì tài yáng fǒu zé róng yì zào chéng shì jué sǔn shāng
不能直视太阳，否则容易造成视觉损伤。

月

zhèng rú ér gē zhōng chàng de wān wān de yuè liang xiǎo xiǎo
正如儿歌中唱的“弯弯的月亮，小小
de chuán yuè liang de xíng zhuàng yǒu shí shì wān de xiàng xiǎo
的船”，月亮的形状有时是弯的，像小
chuán gǔ rén zhèng shì gēn jù yuè liang de zhè ge wài xíng tè diǎn
船。古人正是根据月亮的这个外形特点
chuàng zào chū le xiàng xíng zì yuè nǐ kàn jiǎ gǔ wén zhōng de
创造出了象形字“月”。你看甲骨文中的
yuè zì xiàng bú xiàng yè kōng zhōng shēng qǐ de yì wān xīn yuè
“月”字，像不像夜空中升起的一弯新月？
jīn wén zhōng yuè liang de tú xiàng zhōng duō le yì diǎn biǎo shì yuè
金文中，月亮的图像中多了一点，表示月
liang fā chū de guāng máng dào xiǎo zhuàn shí yuè de zì xíng fā
亮发出的光芒。到小篆时，“月”的字形发
shēng hěn dà biàn huà shī qù le xiàng xíng de tè diǎn gèng jù xiàn
生很大变化，失去了象形的特点，更具线
tiáo huà de sè cǎi zhī hòu gè zì tǐ biàn dōu yuán cǐ xiě chéng
条化的色彩。之后，各字体便都缘此写成
le yán yòng zhì jīn de yuè zài hàn zì zhōng yuè yě bèi
了沿用至今的“月”。在汉字中，“月”也被
yòng zuò bù shǒu rú lǎng yīn míng shuò děng zì tā men
用作部首，如“朗、阴、明、朔”等字，它们
de hán yì jī běn dōu yǔ yuè liang huò zhě guāng míng děng yì yì
的含义基本都与月亮或者光明等意义
xiāng guān
相关。

yuè zì de yǎn biàn
【“月”字的演变】

甲骨文　金文　小篆　隶书　简体字

yīng yǔ yì diǎn tōng
【英语一点通】

“月”表示“月亮”时，英文是 moon。moon 和 noon（中午）很相像，要注意区别。但当“月”表示“月份”时，英文是 month。month 和表示“嘴巴”的 mouth 易混淆，你要认清哟！小朋友可以联想：“嘴巴”要张开吃饭，所以 mouth 中的 u 是口向上张开的！

xiǎo péng you tīng gù shi
【小朋友听故事】

chuán shuō tiān shàng de yuè liang yuán lái bìng bù yuán ér qiě
传说天上的月亮原来并不圆，而且
liàng de cì yǎn yǒu yí duì qīng nián nán nǚ wèi dà jiā zhuó
亮得刺眼。有一对青年男女为大家着
xiǎng shāng liang zhe yào xiū bǔ yuè liang lì dà wú bǐ de nán
想，商量着要修补月亮。力大无比的男
qīng nián xiān jiāng yì zhī zhī lì jiàn shè xiàng yuè liang jiàn jiàn de
青年先将一支支利箭射向月亮，渐渐地
bǎ yuè liang xiū chéng le yuán xíng nǚ qīng nián zé gǎn zhī le yì
把月亮修成了圆形。女青年则赶织了一
fú měi lì de sī jǐn jiāo gěi nán qīng nián ràng tā bǎ tā guà zài
幅美丽的丝锦交给男青年，让他把它挂在
jiàn shàng shè chū qù yú shì bèi méng shàng sī jǐn de yuè liang
箭上射出去。于是，被蒙上丝锦的月亮
guāng biàn de róu hé le
光变得柔和了。

星

“一闪一闪亮晶晶，满天都是小星星。”当我们仰望夜空，满天的繁星会给我们以无穷的遐想；有人说，在流星划过天际时许下愿望，就一定能够实现。在古代，我们的先民也曾无数次仰望夜空，通过观察星象的变化来预测未来，所以，在很早的时候他们就造出了“星”字。甲骨文中，“星”字用笔简单，音义结合：以表示树木的“生”字来代表读音，又用旁边两个圆点象征繁星。到金文，星星用三个太阳来表示，放在了“生”的上面，但“星”字音义结合的特点并没有变化。从隶书开始，有两个“日”被省掉，整个字形也就简化为现在的“星”。

xīng zì de yǎn biàn

【“星”字的演变】

甲骨文　金文　小篆　隶书　简体字

yīng yǔ yì diǎn tōng

【英语一点通】

“星”的英文是 star，意思是“星星、明星”等。英文中还有一个词比 star 多了一个字母 t，即 start，意思是“开始、起点”等。另外，star 和 let 组合，即 starlet，意思是“小星星”，其中后缀-let 表示“小的”，比如将-let 加在 pig（猪）后，即 piglet（小猪）。

xiǎo péng you xué ér gē

【小朋友学儿歌】

gěi wǒ zhǎo kē xiǎo xīng xing

给我找颗小星星

yín hé lǐ yǒu xīng fēi guò， diē dào dì shàng diào luò hé

银河里有星飞过，跌到地上掉落河。

xīng xing diē jìn dà shù lín， kě fǒu tì wǒ màn màn xún

星星跌进大树林，可否替我慢慢寻？

cóng lín chù chù dōu zhǎo guo， zhǎo dào xīng xing qǐng gěi wǒ

丛林处处都找过，找到星星请给我。

cháng cháng kàn jiàn xīng fēi guò， shǐ zhōng zhǎo bú dào yí gè

常常看见星飞过，始终找不到一个。

zhāo zhāo wǎn wǎn wèn bái yún， kě fǒu tì wǒ màn màn xún

朝朝晚晚问白云，可否替我慢慢寻？

shuí rén huì dào tiān shàng qù， zhǎo kē xīng xing jiāo gěi wǒ

谁人会到天上去，找颗星星交给我。

明

tiān kōng zhōng méi yǒu bǐ tài yáng hé yuè liang gèng míng liàng de
天空中没有比太阳和月亮更明亮的
dōng xi suǒ yǐ wèi le biǎo dá míng de gài niàn gǔ rén jiù
东西，所以，为了表达“明”的概念，古人就
bǎ tài yáng hé yuè liang fàng zài yì qǐ lái biǎo dá míng liàng de
把太阳和月亮放在一起，来表达“明亮”的
yì si xiǎo péng you kàn kan jiǎ gǔ wén zhōng de míng zì shì
意思。小朋友看看甲骨文中的“明”字，是
bú shì yóu rì yuè liǎng gè zì de jiǎ gǔ wén bìng liè zǔ hé
不是由“日”“月”两个字的甲骨文并列组合
ér chéng ne dào le jīn wén míng zì zhōng de tài yáng biàn
而成呢？到了金文，“明”字中的太阳变
chéng chuāng hu de yàng zi zhěng gè zì xíng jiù chéng le yì fú yuè
成窗户的样子，整个字形就成了一幅月
guāng sǎ mǎn xiǎo chuāng de tú huà jiù xiàng táng dài shī rén lǐ bái
光洒满小窗的图画，就像唐代诗人李白
de shī jù chuáng qián míng yuè guāng suǒ miáo xiě de jǐng xiàng suǒ
的诗句“床前明月光”所描写的景象，所
yǐ zhè fú huà réng huì yì wéi míng liàng xiǎo zhuàn de
以，这幅“画”仍会意为“明亮”。小篆的
míng zì yán xí le jīn wén de huì yì tè diǎn yóu yuè liang hé
“明”字沿袭了金文的会意特点，由月亮和
chuāng hu zǔ chéng de zì xíng méi biàn dàn lì shū de míng zì yòu
窗户组成的字形没变；但隶书的“明”字又
biàn wéi jiǎ gǔ wén de huì yì fāng shì jí rì yuè wéi míng
变为甲骨文的会意方式，即“日”“月”为“明”
le zhī hòu míng de zì xíng wèi zài fā shēng dà de yǎn biàn
了。之后，“明”的字形未再发生大的演变。

míng zì de yǎn biàn

【“明”字的演变】

甲骨文　金文　小篆　隶书　简体字

yīng yǔ yì diǎn tōng

【英语一点通】

“明”表示“明亮的”时，英文是 bright，比如“She has bright eyes.”意思就是“她有一对明亮的眼睛”。同时，bright 还有“聪明的、伶俐的”之义，比如“A bright boy learns quickly.”意思就是“聪明的孩子学得快”。另外，小朋友可以在 bright 中找到另外一个单词 right，意思是“对的、正确的”。

kě ài de zǔ guó

【可爱的祖国】

míng cháo shì zhōng guó lì shǐ shàng chéng yuán cháo xià qǐ qīng cháo de cháo dài yě shì zhōng guó lì shǐ shàng zuì hòu yí gè yóu hàn zú jiàn lì de fēng jiàn jūn zhǔ zhì wáng cháo

明朝（1368—1644）是中国历史上承元朝、下启清朝的朝代，也是中国历史上最后一个由汉族建立的封建君主制王朝。

míng cháo fā shēng de zhèng hé qī cì xià xī yáng shì zhōng guó nǎi zhì shì jiè háng hǎi shǐ shàng de zhuàng jǔ fā zhǎn le hǎi shàng sī chóu zhī lù zēng jìn le zhōng guó yǔ yà fēi guó jiā hé dì qū de liǎo jiě hé yǒu hǎo wǎng lái wèi rén lèi de háng hǎi shì yè zuò chū le wěi dà gòng xiàn

明朝发生的郑和七次下西洋，是中国乃至世界航海史上的壮举，发展了海上丝绸之路，增进了中国与亚非国家和地区的了解和友好往来，为人类的航海事业作出了伟大贡献。

气

kōng qì hé shuǐ yí yàng duì wàn wù de shēng cún zhì guān zhòng
空气和水一样，对万物的生存至关重
yào dàn shì tā kàn bú jiàn mō bù zháo nà me gǔ rén zài zào
要，但是它看不见、摸不着。那么，古人在造
zì shí zěn yàng lái biǎo shì kōng qì ne jiǎ gǔ wén zhōng de qì
字时怎样来表示空气呢？甲骨文中的“气”
xiàng shì yí gè sān zì shàng xià liǎng gè jiào cháng de héng dài
像是一个“三”字，上、下两个较长的横代
biǎo tiān dì zhōng jiān nà tiáo duǎn héng jiù biǎo shì qì huò kōng qì
表天、地，中间那条短横就表示气或空气，
shì shuō zài liè rì xià qì liú shàng shēng hòu lái rén men zào chū
是说在烈日下，气流上升。后来，人们造出
le biǎo shì shù liàng de sān zì wèi le yǔ qì zì qū bié
了表示数量的“三”字，为了与“气”字区别，
jiù zài jīn wén zhōng jiāng qì zì de shàng miàn yì héng xiàng shàng
就在金文中将“气”字的上面一横向上
qiào qǐ lái tóng shí jiāng xià miàn de yì héng chuí xià dào xiǎo
翘起来，同时将下面的一横垂下。到小
zhuàn wèi le měi guān yě wèi le míng liǎo qì zì jiù yǎn biàn
篆，为了美观，也为了明了，“气”字就演变
chéng sān héng dōu wān qū qǐ lái de zì xíng zhí dào wén zì jiǎn huà
成三横都弯曲起来的字形。直到文字简化
shí qì cái yòu huī fù yuán lái jiǎn jié de zì xíng
时，“气”才又恢复原来简洁的字形。

qì zì de yǎn biàn

【“气”字的演变】

甲骨文　金文　小篆　隶书　简体字

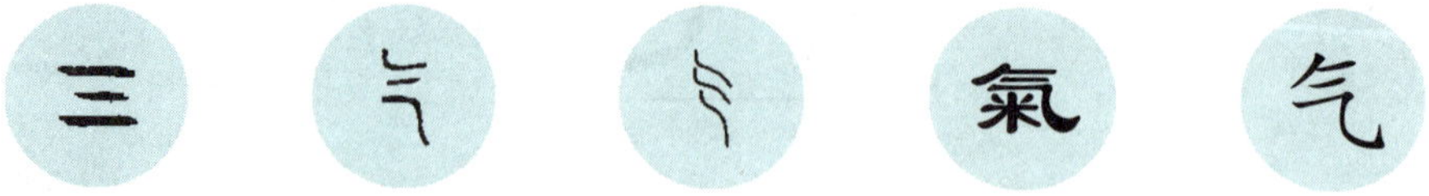

yīng yǔ yì diǎn tōng

【英语一点通】

“气”表示“空气”时，英文是 air，如 fresh air 即指“新鲜的空气”。但当“气”表示“气体、煤气”时，英文是 gas，如 light the gas 即“点燃煤气灶”。另外，air 比单词 hair 少了一个字母 h，而 hair 的意思是“头发”。

xiǎo péng you cāi mí yǔ

【小朋友猜谜语】

kàn bú jiàn mō bù zháo bù xiāng bú chòu méi wèi dao

看不见、摸不着，不香不臭没味道，

shuō tā bǎo guì dào chù yǒu dòng wù zhí wù lí bù liǎo

说它宝贵到处有，动物植物离不了。

dǎ yí wù

（打一物）

mí dǐ kōng qì

（谜底：空气）

云

tiān shàng de bái yún qiān biàn wàn huà xíng zhuàng qí huàn xiǎo
天上的白云千变万化、形状奇幻，小
péng you guān chá guo ma wǒ men de xiān mín jiù tōng guò duì yún cǎi
朋友观察过吗？我们的先民就通过对云彩
de guān chá zào chū le yún zì jiǎ gǔ wén zhōng yún shì
的观察，造出了“云”字。甲骨文中，“云”是
yí gè huì yì zì yóu biǎo shì gǔ wén zhōng de shàng zì de liǎng
一个会意字，由表示古文中的“上”字的两
héng hé miáo huì tiān shàng yún qì huí xuán fān gǔn de fú hào zǔ hé ér
横和描绘天上云气回旋翻滚的符号组合而
chéng jīn wén chéng xí le jiǎ gǔ wén de xiě fǎ yún zì réng
成。金文承袭了甲骨文的写法，“云”字仍
yóu liǎng zhǒng fú hào huì yì ér chéng dào xiǎo zhuàn yún zì de
由两种符号会意而成。到小篆，“云”字的
shàng miàn zēng jiā le yí gè yǔ biǎo míng yún yǔ yǔ yǒu guān
上面增加了一个“雨”，表明云与雨有关，
yě shuō míng dāng shí de rén men duì yún shēng yǔ jiàng de zì rán guī lǜ
也说明当时的人们对云升雨降的自然规律
yǒu le shēn kè de rèn shi zhī hòu de zì tǐ dōu yuán cǐ xiě chéng
有了深刻的认识。之后的字体都缘此写成
yún zhí dào hàn zì jiǎn huà shí yún jiè yòng le yún de
“雲”。直到汉字简化时，“雲”借用了“云”的
zì xíng qù diào le yǔ yú shì yún zì yòu huī fù le zuì
字形，去掉了“雨”，于是“云”字又恢复了最
chū nà zhǒng jiǎn jié de zì xíng
初那种简洁的字形。

yún zì de yǎn biàn

【“云”字的演变】

甲骨文　金文　小篆　隶书　简体字

yīng yǔ yì diǎn tōng
【英语一点通】

“云”的英文是 cloud。英文中 cloud 是个名词，它的形容词形式是 cloudy，意思就是“多云的”或“阴天的”，比如“多云的天空”用英语讲就是 cloudy sky。小朋友从 cloud 中还可以找到一个词 loud，意思是“大声的”，你可以用“大声向白云喊”来记忆 loud 和 cloud。

xiǎo péng you bèi shī cí
【小朋友背诗词】

yún
云

táng lái hú
〔唐〕来鹄

qiān xíng wàn xiàng jìng huán kōng yìng shuǐ cáng shān piàn fù chóng
千形万象竟还空，映水藏山片复重。
wú xiàn hàn miáo kū yù jìn yōu yōu xián chù zuò qí fēng
无限旱苗枯欲尽，悠悠闲处作奇峰。

（**注释**　千形万象：指云的形态变化无穷。竟：终于。映水藏山片复重：形容云的变化多端。无限：无数。枯欲尽：枯干得快要全部死了。悠悠：闲散、从容不迫的样子。奇峰：远处旱云耸立如同奇异的山峰。）

风

xiǎo péng you nǐ zhī dào fēng shì zěn me lái de ma tā shì
小朋友，你知道风是怎么来的吗？它是
yóu yú kōng qì shòu rè huò zhě shòu lěng yīn cǐ dǎo zhì kōng qì cóng
由于空气受热或者受冷，因此导致空气从
yí gè dì fang xiàng lìng yí gè dì fang yí dòng ér chǎn shēng de
一个地方向另一个地方移动而产生的。
dàn shì yuǎn gǔ shí hou de rén kě bú zhè me rèn wéi tā men xiāng
但是，远古时候的人可不这么认为，他们相
xìn fēng shì dà niǎo yòng chì bǎng shān dòng de jié guǒ yīn cǐ jiǎ
信风是大鸟用翅膀扇动的结果。因此，甲
gǔ wén zhōng de fēng zì jiù shì yóu yí gè biǎo shì qì liú de fú
骨文中的“风”字就是由一个表示气流的符
hào hé yì zhī shān dòng chì bǎng de dà niǎo huì yì ér chéng hòu
号和一只扇动翅膀的大鸟会意而成。后
lái rén men rèn shí dào fēng shì yóu yú kōng qì wéi rào tài yáng liú
来，人们认识到风是由于空气围绕太阳流
zhuǎn ér chǎn shēng de fǎn yìng zài jīn wén zhōng fēng zì jiù biàn
转而产生的，反映在金文中，“风”字就变
chéng le yí gè yóu dài biǎo qì liú de fán lǐ miàn jiā shàng yí
成了一个由代表气流的“凡”，里面加上一
gè tài yáng xià miàn zài huà shàng yí gè lèi sì qì liú shàng shēng de
个太阳，下面再画上一个类似气流上升的
fú hào suǒ zǔ chéng de tú xíng dào xiǎo zhuàn fēng zì yòu yǎn
符号所组成的图形。到小篆，“风”字又演
biàn wéi yí gè shàng miàn biǎo shì zì xíng fán xià miàn biǎo shì dú
变为一个上面表示字形“凡”、下面表示读
yīn chóng de xíng shēng zì cóng lì shū kāi shǐ fēng zì zhú
音“虫”的形声字。从隶书开始，“風”字逐
jiàn jiǎn huà wéi xiàn zài de fēng
渐简化为现在的“风”。

fēng zì de yǎn biàn
【“风”字的演变】

甲骨文　金文　小篆　隶书　简体字

yīng yǔ yì diǎn tōng
【英语一点通】

“风”的英文是 wind。美国有位女作家叫玛格丽特·米切尔，她写了一部非常有名的小说，名字叫 *Gone with the Wind*，意思是“随风而逝”，但小说的中文译名是《飘》。另外，wind 是名词，在它后面加上一个 y，就变成一个形容词 windy，意思是“多风的”。

xiǎo péng you xué zuò shī
【小朋友学作诗】

fēng
风

（一）

fēng cóng nǎ lái
风 从 哪 来

cóng shān shàng lái
从 山 上 来

fēng xiàng nǎ qù
风 向 哪 去

xiàng huǒ lǐ qù
向 火 里 去

（二）

fēng lái le
风 来 了

lái péi wǒ wán
来 陪 我 玩

fēng zǒu le
风 走 了

qù sòng péng you
去 送 朋 友

（杨彧堃，9 岁）

电

wǒ men píng cháng suǒ shuō de diàn shì yì zhǒng guǎng fàn yòng
我们平常所说的“电”是一种广泛用
yú rén men de shēng chǎn hé shēng huó kě yǐ fā guāng fā rè
于人们的生产和生活，可以发光、发热、
chǎn shēng dòng lì děng de zhòng yào néng yuán dàn tā de běn yì què
产生动力等的重要能源，但它的本义却
shì zhǐ shǎn diàn yīn wèi gǔ rén kàn dào léi diàn bàn suí zhe yǔ tiān
是指闪电。因为古人看到雷电伴随着雨天，
ér shēng chù yòu cháng cháng bèi léi diàn jī sǐ suǒ yǐ tā men zài
而牲畜又常常被雷电击死，所以，他们在
zào zì shí jiù yòng bàn suí léi diàn fā shēng de yǔ hé néng zǎi shā
造字时就用伴随雷电发生的“雨”和能宰杀
shēng chù de dāo hé qǐ lái biǎo shì diàn de yì si yīn
牲畜的“刀”合起来表示“电”的意思。因
cǐ jiǎ gǔ wén zhōng de diàn zì shàng miàn shì yǔ dī xià miàn
此，甲骨文中的“电”字上面是雨滴，下面
jiù shì yì bǎ dāo de xiàng xíng jīn wén zhōng diàn de shàng bàn
就是一把刀的象形。金文中，“电”的上半
bù fen réng rán shì yǔ de xiàng xíng xià miàn zé jiè yòng le
部分仍然是“雨”的象形，下面则借用了
léi zì de jiǎ gǔ wén zhōng dài biǎo shǎn diàn de hú xiàn liǎng zhǒng
“雷”字的甲骨文中代表闪电的弧线，两种
xiàng xíng fú hào huì yì wéi yǔ zhōng de shǎn diàn hàn zì jiǎn huà
象形符号会意为雨中的闪电。汉字简化
shí fán tǐ de diàn zì qù diào le yǔ zì tóu suì xiě zuò
时，繁体的“電”字去掉了雨字头，遂写作
diàn
“电”。

diàn zì de yǎn biàn
【“电”字的演变】

甲骨文	金文	小篆	隶书	简体字
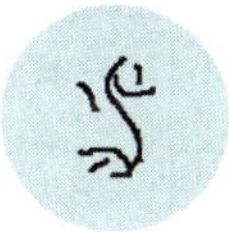			電	电

yīng yǔ yì diǎn tōng
【英语一点通】

“电”指“闪电”时，英文是 lightning，比如 a flash of lightning in the dark 意为“黑暗中的一道闪电”；如果指作为能源的“电”时，英文则是 electricity，如“电动机器”即为 a machine run by electricity。另外，单词 lightning 的词根是 light，意思是“光、光线”等。

xiǎo péng you cāi mí yǔ
【小朋友猜谜语】

yí dào yín guāng yì tiáo xiàn, huá guò cháng kōng sì lì jiàn.
一道银光一条线，划过长空似利剑。

zhǎ yǎn pǎo le jǐ qiān lǐ, huí tóu xì qiáo kàn bú jiàn.
眨眼跑了几千里，回头细瞧看不见。

dǎ yí zì rán xiàn xiàng
（打一自然现象）

mí dǐ shǎn diàn
（谜底：闪电）

雷

léi yě shì xià yǔ shí chū xiàn de yì zhǒng zì rán xiàn xiàng
“雷”也是下雨时出现的一种自然现象，
shì bàn suí kōng zhōng de shǎn diàn ér fā chū de yì zhǒng lèi sì bào
是伴随空中的闪电而发出的一种类似爆
pò de zhèn ěr jù xiǎng tā shì yí gè huì yì zì dàn qí zì xíng
破的震耳巨响。它是一个会意字，但其字形
zài jiǎ gǔ wén jīn wén xiǎo zhuàn děng zì tǐ zhōng yòu bú jìn xiāng
在甲骨文、金文、小篆等字体中又不尽相
tóng jiǎ gǔ wén zhōng de léi zì yóu yì tiáo biǎo shì shǎn diàn de
同。甲骨文中的“雷”字由一条表示闪电的
xíng qū xiàn yǐ jí qū xiàn liǎng biān dài biǎo jù dà xiǎng shēng
“S”形曲线，以及曲线两边代表巨大响声
de yuán quān zǔ chéng biǎo míng le léi shēng yǔ shǎn diàn zhī jiān de
的圆圈组成，表明了雷声与闪电之间的
yīn guǒ guān xì jīn wén zhōng léi zì duō le yí gè yǔ
因果关系。金文中“雷”字多了一个“雨”，
biǎo míng léi diàn tiān qì duō yǔ xià yǔ xiāng guān dào xiǎo zhuàn
表明雷电天气多与下雨相关。到小篆，
léi zì shěng diào le biǎo shì shǎn diàn de qū xiàn dàn bǎo liú le
“雷”字省掉了表示闪电的曲线，但保留了
jīn wén de zì xíng zhěng gè zì de yì si yě jiù míng què wéi yǔ
金文的字形，整个字的意思也就明确为“雨
zhōng de léi shēng lì shū de léi zì zhǐ bǎo liú le xiǎo zhuàn
中的雷声”。隶书的“雷”字只保留了小篆
zì xíng zhōng de yí gè tián biàn de gèng wéi jiǎn jié zhī hòu
字形中的一个“田”，变得更为简洁。之后，
gāi zì xíng jiù què dìng xià lái bìng yán yòng zhì jīn
该字形就确定下来，并沿用至今。

léi zì de yǎn biàn
【“雷”字的演变】

甲骨文　　金文　　小篆　　隶书　　简体字

yīng yǔ yì diǎn tōng
【英语一点通】

“雷”的英文是 thunder，表示“雷声”或“打雷”等。例如，“春雷”就是 spring thunder，而“打雷了”则是“it is thundering”。另外，单词 thunder 中还包含了一个单词 under，它是一个介词，意思是“在……下面、在……底下”等，如 under the table，就是指“在桌子下面”。

cí yǔ jù bǎo pén
【词语聚宝盆】

léi chí wéi dì míng zài jīn ān huī wàng jiāng xiàn nán yǒu yí gè yǔ qí xiāng guān de chéng yǔ bú yuè léi chí yě kě yǐ shuō chéng bù gǎn yuè léi chí yí bù yuán zhǐ bú yào yuè guò léi chí hòu duō yòng yú bǐ yù yīn wèi bǎo shǒu jū nì ér bù gǎn chāo yuè yí dìng de fàn wéi hé jiè xiàn lì rú rú guǒ wǒ men zài sī xiǎng shàng gù bù zì fēng bú yuè léi chí nà me wǒ men jiù bú huì yǒu xué xí shàng de jìn bù hé chuàng xīn

雷池为地名，在今安徽望江县南。有一个与其相关的成语“不越雷池”，也可以说成“不敢越雷池一步”，原指不要越过雷池，后多用于比喻因为保守、拘泥而不敢超越一定的范围和界限。例如：如果我们在思想上故步自封、不越雷池，那么我们就不会有学习上的进步和创新。

雨

滴答、滴答，下雨啦——雨从天上落下来，从屋檐上掉下来！甲骨文中的“雨”字表现的就是这个情景。你看“雨”字上的那一横，不就是代表着天、云，或者是屋檐吗？你再看金文中的“雨”字，那些小雨点已经被包围起来，这像不像是在下雨的时候，你从窗户里面向外看到的雨点滴落的样子呢？之后，为了表明雨的来处，金文的“雨”字上面又多出了一横来指代云或者天，这就形成了小篆的字形。隶书承袭小篆，写作“**雨**”，字形简洁明了、工整美观。汉字简化时，“雨”字仍保留了隶书的字形。“雨”的本义即下雨，但在演变过程中，它更多地被当作名词，表示自然界中的雨。

yǔ zì de yǎn biàn
【“雨”字的演变】

甲骨文　　金文　　小篆　　隶书　　简体字

yīng yǔ yì diǎn tōng
【英语一点通】

“雨”的英文是 rain。在英文中，cat 是“猫”的意思，dog 是“狗”的意思，那么英文谚语“Rain cats and dogs.”是什么意思呢？这可不是“天上下小猫小狗”，它的正确意思是“下倾盆大雨”哟！另外，小朋友试着给 rain 前加上一个字母 t，看看是什么单词？对了，变成了 train，是“火车”的意思。

xiǎo péng you xué zuò shī
【小朋友学作诗】

wǒ yǔ yǔ
我与雨

（一）

tiān shàng piāo piao
天上飘飘
dì xià zǒu zou
地下走走
wǒ zài jiā lǐ
我在家里
màn màn yōu yōu
慢慢悠悠

（二）

yǔ péi wǒ lái
雨陪我来
yǔ péi wǒ qù
雨陪我去
wǒ huí dào jiā
我回到家
cái xiǎng qǐ yǔ
才想起雨

（杨彧堃，9 岁）

虹

xiǎo péng you jiàn guo zài tiān kōng zhōng chū xiàn de cǎi hóng ma
小朋友见过在天空中出现的彩虹吗？
dāng fēng yǔ guò hòu dà qì zhōng de xiǎo shuǐ zhū jīng rì guāng zhào shè
当风雨过后，大气中的小水珠经日光照射
fā shēng zhé shè hé fǎn shè jiù huì zài hé tài yáng xiāng duì de fāng
发生折射和反射，就会在和太阳相对的方
xiàng xíng chéng yì zhǒng cǎi sè yuán hú yóu wài quān dào nèi quān chéng
向形成一种彩色圆弧，由外圈到内圈呈
hóng chéng huáng lǜ lán diàn zǐ qī zhǒng yán sè zhè jiù
红、橙、黄、绿、蓝、靛、紫七种颜色，这就
shì rén men cháng shuō de cǎi hóng jí hóng dàn shì gǔ rén bù
是人们常说的彩虹，即“虹”。但是，古人不
qīng chu cǎi hóng xíng chéng de yuán yīn tā men rèn wéi hóng shì lái
清楚彩虹形成的原因，他们认为“虹”是来
dào rén jiān yǐn shuǐ de tiān shàng de jù lóng yīn cǐ zài zào zì de
到人间饮水的天上的巨龙。因此，在造字的
shí hou hóng jiù chéng le lóng de yàng zi jiǎ gǔ wén zhōng
时候，“虹”就成了龙的样子。甲骨文中，
lóng bèi huà chéng shé xíng ér hóng zì yě yóu cǐ bèi miáo huà
“龙”被画成蛇形，而“虹”字也由此被描画
chéng zhǎng zhe liǎng gè nǎo dai de shé de xíng zhuàng dào xiǎo zhuàn
成长着两个脑袋的蛇的形状。到小篆，
hóng yǎn biàn wéi xíng shēng zì zuǒ xíng chóng yòu shēng
“虹”演变为形声字，左形（虫）右声
gōng hòu lái de zì tǐ zǒu xiàng fú hào huà dàn jī běn shàng
（工）。后来的字体走向符号化，但基本上
zì xíng bìng méi yǒu fā shēng tài dà gǎi biàn
字形并没有发生太大改变。

hóng zì de yǎn biàn
【“虹”字的演变】

甲骨文　小篆　隶书　简体字

yīng yǔ yì diǎn tōng

【英语一点通】

“虹”的英文是 rainbow，意思是“彩虹”。rainbow 由 rain 和 bow 组成，rain 的意思是“雨”，bow 的意思是“弓、弓形物”，而“彩虹”就是雨后出现在天空的像弓一样的彩色圆弧，所以 rain 和 bow 连在一起，就形象地会意成了“彩虹”。

xiǎo péng you bèi shī cí

【小朋友背诗词】

pú sà mán　dà bǎi dì

菩萨蛮・大柏地

máo zé dōng

毛泽东

chì chéng huáng lǜ qīng lán zǐ, shuí chí cǎi liàn dāng kōng wǔ?

赤橙黄绿青蓝紫，谁持彩练当空舞？

yǔ hòu fù xié yáng, guān shān zhèn zhèn cāng. dāng nián áo zhàn jí,

雨后复斜阳，关山阵阵苍。当年鏖战急，

dàn dòng qián cūn bì. zhuāng diǎn cǐ guān shān, jīn zhāo gèng hǎo kàn.

弹洞前村壁。装点此关山，今朝更好看。

（**注释**　大柏地：江西瑞金北一村名。彩练：彩色绢带，比喻彩虹。关山：泛指附近群山。阵阵：层层。苍：青色。鏖战：苦战。急：激烈。弹洞：枪眼。今朝：如今。）

旦

dàn zì yī jù rì zì chuàng zào ér chéng biǎo shì zǎo
“旦”字依据“日”字创造而成，表示“早
chen tiān liàng huò zhě fú xiǎo tā shì yí gè huì yì zì zài jiǎ
晨、天亮或者拂晓”，它是一个会意字。在甲
gǔ wén zhōng dàn zì de shàng bàn bù fen shì yí gè tài yáng de
骨文中，“旦”字的上半部分是一个太阳的
xiàng xíng zì xià bàn bù fen zé dài biǎo dì píng xiàn huò shuǐ píng miàn
象形字，下半部分则代表地平线或水平面，
yú shì dàn zì jiù yǐ tài yáng gāng gāng cóng dì miàn huò shuǐ miàn
于是“旦”字就以太阳刚刚从地面或水面
shēng qǐ lái biǎo shì tiān gāng liàng huò zǎo chen jīn wén zhōng de
升起，来表示天刚亮或早晨。金文中的
dàn zì jiù xiàng yì fú tài yáng gāng gāng fú chū shuǐ miàn de tú
“旦”字就像一幅太阳刚刚浮出水面的图
huà shuǐ miàn shèn zhì hái yǒu tài yáng de dào yǐng dào xiǎo zhuàn
画，水面甚至还有太阳的倒影。到小篆，
dàn zì de xià bàn bù fen bèi jiǎn huà wéi yì héng bú guò wǒ men
“旦”字的下半部分被简化为一横，不过我们
réng rán kě yǐ bǎ zhè yì héng lǐ jiě wéi dì píng xiàn zhī hòu lì
仍然可以把这一横理解为地平线。之后，隶
shū zhuī qiú zì xíng de fāng zhèng dàn zì yě jiù yǎn biàn wéi xiàn zài
书追求字形的方正，“旦”字也就演变为现在
de yàng zi xiàn dài hàn yǔ zhōng dàn zì bù jǐn biǎo shì zǎo
的样子。现代汉语中，“旦”字不仅表示“早
chen tiān liàng tā hái yòng lái zhǐ mǒu yì tiān rú yuán dàn
晨、天亮”，它还用来指“某一天”，如“元旦”；
yě kě zhǐ xì qǔ lǐ de nǚ jué rú huā dàn děng
也可指戏曲里的女角，如“花旦”等。

dàn zì de yǎn biàn

【“旦”字的演变】

甲骨文　　金文　　小篆　　隶书　　简体字

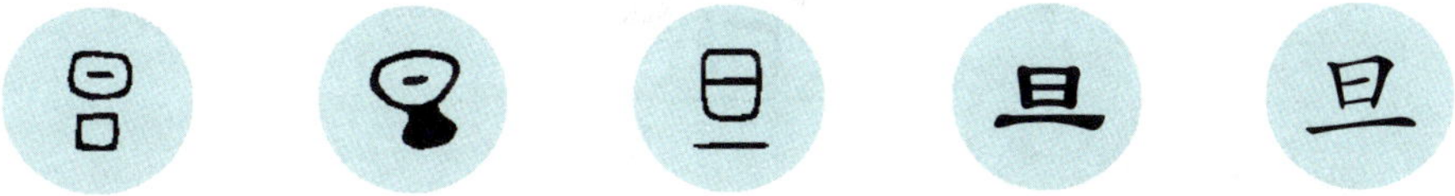

yīng yǔ yì diǎn tōng

【英语一点通】

“旦”表示“黎明、拂晓”时，英文是 dawn。例如，from dawn till dusk 即表示“从早到晚”，其中 dusk 意为“黄昏、傍晚”。英文中和 dawn 的音、形接近的一个词是 down，表示“在……的下方、在……的下端”，比如“在山下”就是 down the hill。

kē pǔ xiǎo zhī shi

【科普小知识】

dàn jué shì zhǐ zhōng guó chuán tǒng xì qǔ zhōng de nǚ xìng xíng
“旦角”是指中国传统戏曲中的女性形
xiàng kě fēn wéi qīng yī huā dàn dāo mǎ dàn wǔ dàn lǎo dàn
象，可分为青衣、花旦、刀马旦、武旦、老旦、
cǎi dàn děng qīng yī yòu jiào zhèng dàn duō biǎo xiàn nà xiē duān
彩旦等。青衣又叫“正旦”，多表现那些端
zhuāng wěn zhòng de zhōng qīng nián fù nǚ yǐ chàng gōng jiàn cháng huā
庄稳重的中青年妇女，以唱功见长；花
dàn zé shì yì xiē nián qīng huó pō qiào lì de xiǎo jiā bì yù huò yā
旦则是一些年轻、活泼、俏丽的小家碧玉或丫
huan dāo mǎ dàn biǎo xiàn nà xiē nǚ jiàng huò nǚ yuán shuài wǔ dàn zé
鬟；刀马旦表现那些女将或女元帅；武旦则
shì shēn huái wǔ yì de jiāng hú nǚ zǐ huò shén guài jīng líng lǎo dàn
是身怀武艺的江湖女子或神怪精灵；老旦
biǎo xiàn de shì lǎo nián nǚ xìng cǎi dàn zé shì yǐ huá jī hé huī xié
表现的是老年女性；彩旦则是以滑稽和诙谐
de biǎo yǎn wéi zhǔ de xǐ jù xìng jué sè
的表演为主的喜剧性角色。

春

春天到来，万物复苏，天气晴暖，绿草如茵，大自然的一切都变得非常美好。古人感受到了春天的这种美好气息和景象，于是造出了一个会意兼形声的“春”字。他们在甲骨上画出两棵小草和一个太阳，说明小草在暖暖的春日下生长，以此来表示春天的含义；又在右边画上一个“屯”，来做“春”的声符。同时，“屯”像是草木破土而出的胚芽形状，所以它也表明春季万木生长。金文中，两棵小草并列，整个字形更加紧凑；小篆承袭金文，字形变化不大；但到隶书，“春”的字形得到简化和变形，已看不出甲骨文中那种春意盎然、绿草繁茂的景象。

chūn zì de yǎn biàn
【“春”字的演变】

甲骨文　金文　小篆　隶书　简体字

yīng yǔ yì diǎn tōng
【英语一点通】

“春”的英文是 spring。除了“春天”的意思，spring 还可以表示“泉、源泉”或者“弹簧”。那么，小朋友能猜出 spring bed 说的是什么东西吗？因为 bed 的意思是“床”，spring 又有“弹簧”的意思，所以 spring bed 就是指“弹簧床”或“钢丝床”。

jì yǔ xiǎo dú zhě
【寄语小读者】

gǔ rén yǒu jù sú yǔ yì nián zhī jì zài yú chūn yí rì
古人有句俗语“一年之计在于春，一日
zhī jì zài yú chén yì si shì yì nián zhōng zuì bǎo guì de shí
之计在于晨”，意思是：一年中最宝贵的时
jiān shì chūn tiān yì tiān zhōng zuì bǎo guì de shí jiān shì zǎo chen
间是春天，一天中最宝贵的时间是早晨。
suǒ yǐ rén men yào zài yì nián kāi shǐ de chūn tiān yì tiān kāi shǐ
所以人们要在一年开始的春天、一天开始
de zǎo chen jì huà bìng zuò hǎo gōng zuò cóng ér wèi quán nián
的早晨计划并做好工作，从而为全年、
quán tiān de gōng zuò dǎ hǎo jī chǔ xiǎo péng you zhè jù sú yǔ
全天的工作打好基础。小朋友，这句俗语
jiāo huì wǒ men yào chōng fèn lì yòng shí jiān kè kǔ xué xí zhè
教会我们要充分利用时间，刻苦学习，这
yàng cái néng bú duàn qǔ dé jìn bù
样才能不断取得进步！

山

wǒ men zǔ guó yǒu xǔ duō míng shān dà chuān huá xià wén míng jiù
我们祖国有许多名山大川，华夏文明就
fā yuán yú qún shān huán rào de huáng hé liú yù miàn duì wēi é gāo
发源于群山环绕的黄河流域。面对巍峨高
sǒng lián mián qǐ fú de shān mài yuǎn gǔ de rén men qǔ xíng zào
耸、连绵起伏的山脉，远古的人们取形造
zì gōu huà chū jiǎ gǔ wén zhōng gāo dī qǐ fú de shān de xíng
字，勾画出甲骨文中高低起伏的山的形
zhuàng zài jīn wén zhōng shān zì xióng hún hòu zhòng dàn réng bù
状。在金文中，“山”字雄浑厚重，但仍不
tuō shān de xíng xiàng dào xiǎo zhuàn shí shān zì jiàn qū fú hào
脱山的形象。到小篆时，“山”字渐趋符号
huà yǐ tuō lí le jiǎ gǔ wén jīn wén zhōng de shān de yàng zi
化，已脱离了甲骨文、金文中的山的样子。
hòu lái zì xíng jìn yí bù jiǎn huà lì shū xiě zuò shān jiǎn
后来，字形进一步简化，隶书写作“**山**”。简
tǐ zì chéng xí lì shū zì xíng méi yǒu zài fā shēng yǎn biàn zài
体字承袭隶书，字形没有再发生演变。在
xǔ duō hàn zì zhōng wǒ men hái kě yǐ fā xiàn yǒu shān zì zuò
许多汉字中，我们还可以发现有“山”字做
piān páng de zì zhè xiē zì dà dōu yǔ shān tǐ de gāo sǒng xióng
偏旁的字，这些字大都与山体的高耸、雄
zhuàng yǒu guān bǐ rú lǐng jùn wēi sōng luán yuè děng
壮有关，比如“岭、峻、巍、嵩、峦、岳”等。

shān zì de yǎn biàn
【“山”字的演变】

甲骨文　　金文　　小篆　　隶书　　简体字

yīng yǔ yì diǎn tōng
【英语一点通】

“山”的英文有 mountain 和 hill。其中：mountain 一般指大的山脉，如泰山、华山等；hill 则指小一点的山或者丘陵。小朋友还要注意，表示“山”的 hill 和另外一个单词 kill 很像，但 kill 是“杀死”的意思，要辨别清楚哟！

xiǎo péng you bèi shī cí
【小朋友背诗词】

tí xī lín bì
题西林壁

sòng sū shì
〔宋〕苏轼

héng kàn chéng lǐng cè chéng fēng　yuǎn jìn gāo dī gè bù tóng
横看成岭侧成峰，远近高低各不同。

bù shí lú shān zhēn miàn mù　zhǐ yuán shēn zài cǐ shān zhōng
不识庐山真面目，只缘身在此山中。

（**注释**　横看：指从山的正面看。侧：指从山的侧面看。远近高低：指看山的人站的不同位置。不识：不能认识、辨别。只缘：只是因为。此山：这座山，即庐山。）

石

shān shàng yǒu hěn duō shí tou rú guǒ tā men sōng dòng le jiù
山上有很多石头，如果它们松动了，就
huì cóng shān shàng gǔn luò xià lái gǔ rén gēn jù zhè zhǒng qíng kuàng
会从山上滚落下来。古人根据这种情况
zào chū le jiǎ gǔ wén zhōng de shí zì xiǎo péng you qǐng nǐ
造出了甲骨文中的“石”字。小朋友，请你
guān chá shí zì de jiǎ gǔ wén zuǒ biān de fú hào zài gǔ wén
观察“石”字的甲骨文：左边的符号在古文
zhōng yòng lái biǎo shì shān yá yòu biān de fú hào shì yí gè shí kuài
中用来表示山崖，右边的符号是一个石块
de xiàng xíng liǎng gè fú hào zǔ hé zài yì qǐ jiù biǎo shì shān yá
的象形，两个符号组合在一起，就表示山崖
shàng luò xià yí kuài shí tou zài jīn wén hé xiǎo zhuàn zhōng wèi le
上落下一块石头。在金文和小篆中，为了
shū xiě fāng biàn biǎo shì shān yá de fú hào bèi jiǎn huà wéi chǎng
书写方便，表示山崖的符号被简化为“厂”，
ér biǎo shì shí tou de fú hào zé zhú jiàn yǎn huà wéi kǒu
而表示石头的符号则逐渐演化为“口”。
shí de běn yì jiù shì shí kuài tā kě yǐ zuò dān zì yòng fàn
“石”的本义就是石块，它可以做单字用，泛
zhǐ gè lèi shí tou shí liào yě kě yǐ zuò piān páng bù shǒu gòu
指各类石头、石料；也可以做偏旁部首，构
chéng de zì qí yì si dà dōu yǔ shí tou de cái zhì huò zhě jiān yìng
成的字其意思大都与石头的材质或者坚硬
de shǔ xìng yǒu guān pì rú bēi yán yàn yìng děng
的属性有关，譬如“碑、岩、砚、硬”等。

shí zì de yǎn biàn

【"石"字的演变】

甲骨文 金文 小篆 隶书 简体字

yīng yǔ yì diǎn tōng

【英语一点通】

“石”的英文是 stone。在英文中有个短语 to kill two birds with one stone，意思是“一块石头杀死两只鸟”，也就是“一石二鸟”，比喻只做一件事情就得到了两种好处。另外，stone 中还包含了一个单词 tone，意思是“音调、语调、语气”等，小朋友可以对比着来记。

cí yǔ jù bǎo pén

【词语聚宝盆】

tā shān zhī shí chū zì shī jīng yuán wén shì tā shān
“他山之石”出自《诗经》，原文是“他山

zhī shí kě yǐ gōng yù yì si shì bié de shān shàng de shí tou
之石，可以攻玉”，意思是别的山上的石头

jiān yìng kě yǐ zhuó mó yù qì zhè ge chéng yǔ yòng lái bǐ yù
坚硬，可以琢磨玉器。这个成语用来比喻

néng gòu bāng zhù zì jǐ gǎi zhèng quē diǎn de rén huò yì jiàn yǔ
能够帮助自己改正缺点的人或意见。与

tā shān zhī shí jìn yì de cí yǒu yǐn yǐ wéi jiè qián chē zhī
“他山之石”近义的词有“引以为戒、前车之

jiàn děng
鉴”等。

岩

xiǎo péng you dōu tīng shuō guo huā gāng yán shí huī yán ba
小朋友都听说过“花岗岩、石灰岩”吧？
zhè lǐ de yán dōu biǎo shì yán shí de yì si dàn shì zài
这里的“岩”都表示“岩石”的意思。但是，在
gǔ dài zhè ge zì bìng bù zhǐ yán shí tā běn lái de hán yì shì
古代，这个字并不指岩石，它本来的含义是
zhǐ gāo jùn xiǎn yào jù shí tǐng lì de shān fēng zài jiǎ gǔ wén
指高峻险要、巨石挺立的山峰。在甲骨文
zhōng yán zì miáo huà de shì shān xíng zhī shàng sǒng lì zhe sān
中，“岩”字描画的是“山”形之上耸立着三
kuài jù shí zhè jiù xíng chéng le yí gè huì yì zì biǎo shì jù shí
块巨石，这就形成了一个会意字，表示巨石
tǐng lì gāo sǒng chéng fēng bú guò xiǎo zhuàn yán zì yòu yǎn
挺立、高耸成峰。不过，小篆“岩”字又演
biàn wéi yóu shān zì biǎo yì yóu yán yán zì biǎo yīn de
变为由“山”字表意、由“严（嚴）”字表音的
xíng shēng zì zhī hòu yán zì de qí tā zì xíng dōu yóu cǐ ér
形声字；之后，“岩”字的其他字形都由此而
lái lìng wài yǒu yì si de shì zhè ge yán zì hái néng zuò
来。另外，有意思的是，这个“岩”字还能作
wéi rén de xìng shì cháng jiàn yú wǒ guó shǎo shù mín zú zhōng de dǎi
为人的姓氏，常见于我国少数民族中的傣
zú yán xìng rén jiā de lǎo dà yì bān dōu jiào yán wēng
族，“岩”姓人家的老大一般都叫岩翁。

yán zì de yǎn biàn
【“岩”字的演变】

甲骨文 小篆 隶书 简体字

yīng yǔ yì diǎn tōng
【英语一点通】

“岩”表示“岩石”时，英文是 rock。但是，英文中的词组 rock and roll 则指的是“摇滚乐”，因为 rock 也有“摇动、摆动”的含义。另外，rock 可以和另外一个单词 cock（公鸡）对比着来记忆。小朋友可以这样想：公鸡站在岩石上，也就是 a cock on the rock。

kě ài de zǔ guó
【可爱的祖国】

yán shí suī rán jiān gù dàn shì jīng guò shàng yì nián de liú
岩石虽然坚固，但是经过上亿年的流
shuǐ chōng shí tā huì xíng chéng yì zhǒng yán róng dì mào jiào zuò
水冲蚀，它会形成一种岩溶地貌，叫作
kā sī tè dì mào wǒ guó guǎng xī guì zhōu yún nán děng dì
喀斯特地貌。我国广西、贵州、云南等地
jiù yǒu diǎn xíng de yán róng dì mào fēn bù nà lǐ de yán shí xíng
就有典型的岩溶地貌分布，那里的岩石形
tài gè yì qì xiàng wàn qiān fēi cháng jù yǒu guān shǎng jià zhí
态各异、气象万千，非常具有观赏价值。
zhè lèi dì mào yǒu bù shǎo dì fang yǐ jīng bèi kāi fā wéi lǚ yóu
这类地貌有不少地方已经被开发为旅游
jǐng diǎn
景点。

丘

汉语中，“丘”字的意思也是山，那么小朋友你知道“丘”与“山”有什么区别吗？在甲骨文中，“丘”字与“山”字非常相像，区别仅在于“丘”比“山”少了一座山峰，只有两座；另外，“山”字起伏连绵，而“丘”字中间断开，表示两座山峰是从地面隆起的山包，它们并不相连。但是，从金文到小篆，“丘”字每次发展都有一次字形的演变，基本看不出“丘”字对山的象形描画；到隶书，“丘”字定型，已完全脱离了甲骨文中山峰的图案。古人曾定义：有石头的是山，没石头的是丘。现代汉语中，“丘”一般指小而低矮的山峰或小土山，也可指高出平地的土堆，如“丘陵、山丘、坟丘”等。

qiū zì de yǎn biàn

【“丘”字的演变】

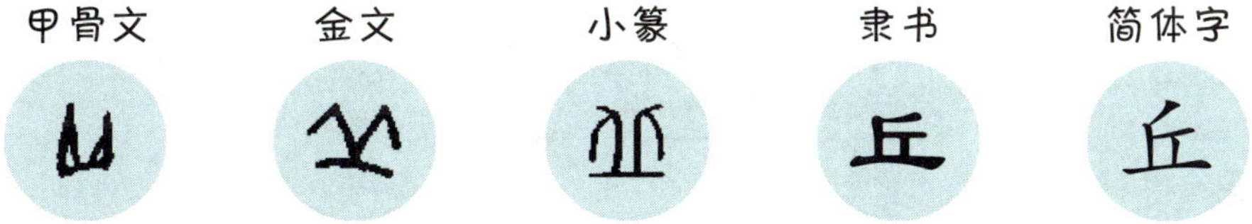

yīng yǔ yì diǎn tōng

【英语一点通】

“丘”的英文是 mound，表示“土墩、坟堆或小山岗”等。英文中，表示“坟堆或墓穴”的还有一个词是 grave。单词 grave 和 brave 很接近，brave 的意思是“勇敢的、大胆的”。

xiǎo péng you bèi shī cí

【小朋友背诗词】

guī yuán tián jū　qí yī

归园田居（其一）

jìn　táo yuān míng

〔晋〕陶渊明

shào wú shì sú yùn　xìng běn ài qiū shān　wù luò chén wǎng

少无适俗韵，性本爱丘山。误落尘网

zhōng　yí qù sān shí nián　jī niǎo liàn jiù lín　chí yú sī gù yuān

中，一去三十年。羁鸟恋旧林，池鱼思故渊。

kāi huāng nán yě jì　shǒu zhuō guī yuán tián　fāng zhái shí yú mǔ　cǎo

开荒南野际，守拙归园田。方宅十余亩，草

wū bā jiǔ jiān　yú liǔ yìn hòu yán　táo lǐ luó táng qián　ài ài

屋八九间。榆柳荫后檐，桃李罗堂前。暧暧

yuǎn rén cūn　yī yī xū lǐ yān　gǒu fèi shēn xiàng zhōng　jī míng

远人村，依依墟里烟。狗吠深巷中，鸡鸣

sāng shù diān　hù tíng wú chén zá　xū shì yǒu yú xián　jiǔ zài fán

桑树颠。户庭无尘杂，虚室有余闲。久在樊

lóng lǐ　fù dé fǎn zì rán

笼里，复得返自然。

厂

chǎng zài xiàn dài hàn yǔ zhōng shì chǎng de jiǎn tǐ zì
“厂”在现代汉语中是“廠”的简体字，
zhǐ yòng jī xiè zhì zào shēng chǎn zī liào huò shēng huó zī liào de chǎng
指用机械制造生产资料或生活资料的场
suǒ rú fǎng zhī chǎng dàn zài zào zì zhī chū tā zhǐ shān biān
所，如“纺织厂”。但在造字之初，它指山边
yán shí tū chū fù gài chù de rén kě jū zhù de dì fang jiǎ gǔ wén
岩石突出覆盖处的人可居住的地方。甲骨文
zhōng chǎng jiù shì yí gè xiàng wài tū chū de yán shí de xiàng
中，“厂”就是一个向外突出的岩石的象
xíng jīn wén de chǎng duō le yí gè de tú xíng biǎo
形。金文的“厂”多了一个“”的图形，表
shì cǐ chù kě yǐ gōng rén jū zhù xiǎo zhuàn yòu huī fù le jiǎ gǔ
示此处可以供人居住。小篆又恢复了甲骨
wén de jiǎn dān xiàng xíng zhī hòu qí zì xíng zài méi fā shēng yǎn biàn
文的简单象形，之后其字形再没发生演变。
suī rán xiàn zài chǎng zì jiè yòng wéi chǎng de jiǎn tǐ zì yì
虽然现在“厂”字借用为“廠”的简体字，意
yì fā shēng gǎi biàn dàn hàn zì zhōng yǐ chǎng wéi bù shǒu de
义发生改变，但汉字中以“厂”为部首的
zì què jī běn dōu bǎo liú le chǎng de běn yì rú cuò
字，却基本都保留了“厂”的本义，如“厝、
chú shà jiù cè děng jī běn dōu yǔ shān yá huò zhě fáng wū
厨、厦、厩、厕”等，基本都与山崖或者房屋
yǒu guān
有关。

【"厂"字的演变】

甲骨文　金文　小篆　隶书　简体字

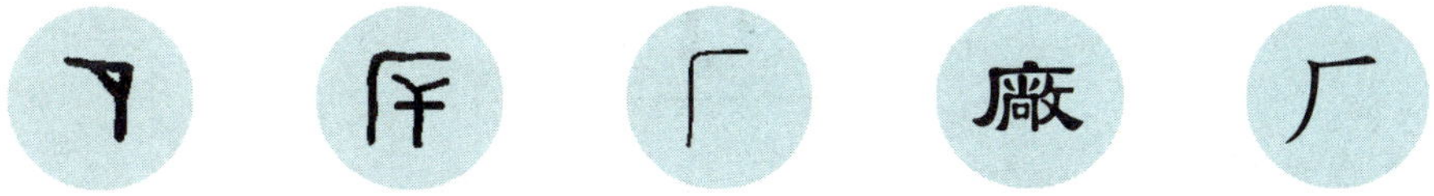

【英语一点通】

"厂"的英文有 factory 和 mill 等。其中：factory 泛指一切"工厂"；mill 多指轻工业类的制造厂，如磨坊等。另外，mill 和表示"小山"的 hill 很像，要注意区别。小朋友可以联想：一个磨坊在山上，即 a mill on the hill。

【小朋友听故事】

在我国明代，皇帝为了监视官吏、镇压人民，先后设立锦衣卫、东厂、西厂等国家特务情报机关，并由他们的亲信宦官担任首领。受到皇帝宠幸的无赖出身的太监魏忠贤就曾任东厂提督，他残害官民、暴虐成性。一次，有个平民在酒后骂了他，被特务听到，魏忠贤竟下令将骂人者当场残杀。魏忠贤的肆虐专制激化了社会矛盾，加速了明朝的灭亡。

原

xiàn dài hàn yǔ zhōng yuán cháng yòng lái zhǐ píng yuán yě
现代汉语中，“原”常用来指平原，也
jiù shì guǎng kuò de píng dì dàn tā de zuì chū hán yì shì zhǐ shuǐ
就是广阔的平地。但它的最初含义是指水
liú fā yuán de dì fang jí shuǐ yuán zài jīn wén zhōng yuán
流发源的地方，即水源。在金文中，“原”
zì yóu biǎo shì shān yá de chǎng hé quán de xiàng xíng zì zǔ
字由表示山崖的“厂”和“泉”的象形字组
hé ér chéng biǎo shì quán shuǐ yuán zì shān yán zhī jiān dào xiǎo
合而成，表示泉水源自山岩之间。到小
zhuàn yuán zì jiàn tuō xiàng xíng de tè diǎn kě yǐ kàn zuò shì
篆，“原”字渐脱象形的特点，可以看作是
xiǎo zhuàn de chǎng zì hé quán zì de jié hé hòu suí zhe
小篆的“厂”字和“泉”字的结合。后随着
chǎng hé quán zì de yǎn biàn dào lì shū shí yuán zì
“厂”和“泉”字的演变，到隶书时，“原”字
yě què dìng le zì xíng yì zhí yán yòng zhì jīn dàn shì rén men
也确定了字形，一直沿用至今。但是，人们
wèi le qū bié yóu yuán zì yǐn shēn chū lái de zhòng duō hán yì
为了区别由“原”字引申出来的众多含义，
jiù lìng zào yuán zì lái biǎo shì yuán de běn yì jí shuǐ yuán
就另造“源”字来表示“原”的本义，即水源。
ér yuán zé yòng lái biǎo shì píng yuán yuán shǐ yuán yīn yuán
而“原”则用来表示“平原、原始、原因、原
lái děng yì si
来”等意思。

yuán zì de yǎn biàn

【“原”字的演变】

金文　　小篆　　隶书　　简体字

yīng yǔ yì diǎn tōng

【英语一点通】

“原”指“平原”时，英文是 plain，它和 plane 即“飞机”的读音相同，小朋友不要搞混了。另外，如果“原”指“原来的”，英文则是 original，如 the original picture 就是指“画的原作”。同时，original 还有“独创的、新颖的”含义，比如“一部新颖的书”就是 an original book。

xiǎo péng you bèi shī cí

【小朋友背诗词】

lè yóu yuán

乐游原

táng lǐ shāng yǐn

〔唐〕李商隐

xiàng wǎn yì bú shì， qū chē dēng gǔ yuán。

向晚意不适，驱车登古原。

xī yáng wú xiàn hǎo， zhǐ shì jìn huáng hūn。

夕阳无限好，只是近黄昏。

（**注释**　乐游原：在长安[今西安]城南，是唐代长安城内地势最高地。向晚：傍晚。意：情绪。不适：不悦，不快。近：快要。）

厚

kàn dào hòu zì de chǎng zì tóu xiǎo péng you néng cāi
看到“厚”字的“厂”字头，小朋友能猜
chū lái hòu zì de běn yì yǔ shān yá yǒu guān ba què shí
出来“厚”字的本义与山崖有关吧？确实，
hòu shì yí gè huì yì zì zài jiǎ gǔ wén zhōng tā yóu biǎo shì
“厚”是一个会意字，在甲骨文中，它由表示
shān yá de chǎng hé biǎo shì duō céng yán shí de jǐ gè xiǎo kuàng
山崖的“厂”和表示多层岩石的几个小框
zǔ chéng liǎng xíng huì yì zhěng gè zì jiù biǎo shì shān tǐ de hòu
组成，两形会意，整个字就表示山体的厚
zhòng jīn wén de hòu zì yǔ jiǎ gǔ wén xiāng sì dàn yán céng
重。金文的“厚”字与甲骨文相似，但岩层
yòu duō le yì xiē jiā shēn le hòu zhòng de hán yì dào xiǎo
又多了一些，加深了“厚重”的含义。到小
zhuàn jīn wén de xiàng xíng kāi shǐ fú hào huà dàn chǎng xià biǎo
篆，金文的象形开始符号化，但“厂”下表
shì yán céng de fú hào de hén jì réng kě biàn míng ér cóng lì shū
示岩层的符号的痕迹仍可辨明。而从隶书
kāi shǐ hòu zì jiù jī běn shī qù xiàng xíng de tè zhēng xiàn
开始，“厚”字就基本失去象形的特征。现
dài hàn yǔ zhōng hòu yǒu zhōng hòu shēn hòu zhòng shì yōu
代汉语中，“厚”有“忠厚、深厚、重视、优
hòu děng yì si rú hòu jiāo hòu dài hòu ài děng
厚”等意思，如“厚交、厚待、厚爱”等。

hòu zì de yǎn biàn

【“厚”字的演变】

甲骨文　金文　小篆　隶书　简体字

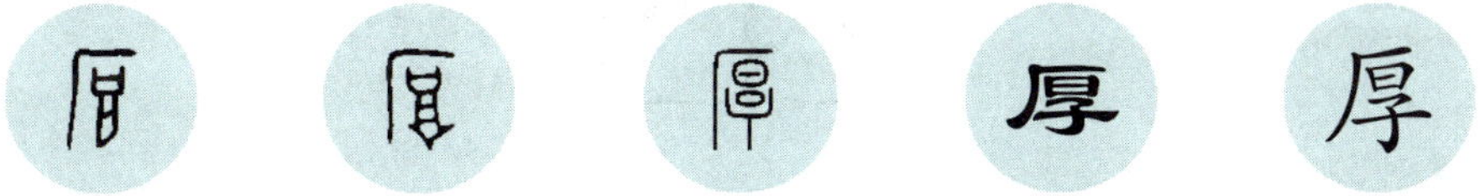

yīng yǔ yì diǎn tōng

【英语一点通】

“厚”表示“厚的、粗的”等意思时，英文是 thick，比如 a thick coat 即指“一件厚外套”。与 thick 反义的词是 thin，意思是“薄的”，比如“一件薄衬衫”即 a thin shirt。与 thin 相似的单词有 think，意思是“考虑”。小朋友可以用句子“我在考虑是穿厚的还是薄的衬衫”来记住 think、thick 和 thin 这三个单词。

cí yǔ jù bǎo pén

【词语聚宝盆】

hòu cǐ bó bǐ shì shuō zhòng shì huò yōu dài yì fāng ér qīng shì huò dài màn lìng yì fāng zhè ge chéng yǔ yòng lái bǐ yù duì rén duì shì bù tóng kàn dài lì rú zhì yú gè dì fang kàng rì lì liàng zé yí yì tǐ ài hù bù yí hòu cǐ bó bǐ yǔ “hòu cǐ bó bǐ” jìn yì de chéng yǔ yǒu “lìng yǎn xiāng kàn、bó bǐ hòu cǐ、hòu bǐ bó cǐ” děng；yǔ tā fǎn yì de chéng yǔ yǒu “bù piān bù yǐ、yí shì tóng rén” děng。

“厚此薄彼”是说重视或优待一方，而轻视或怠慢另一方。这个成语用来比喻对人、对事不同看待。例如：至于各地方抗日力量，则宜一体爱护，不宜厚此薄彼。与“厚此薄彼”近义的成语有“另眼相看、薄彼厚此、厚彼薄此”等；与它反义的成语有“不偏不倚、一视同仁”等。

水

作为一种我们十分常见的物质，水是地球上所有生命得以生存的重要资源。远古的人逐水而居，很早就对水及河流有了认识。反映在文字上，甲骨文中的“水”字描画的就是流动的河水：中间弯曲的实线表示河道，两边的四个点表示水流。金文和小篆的“水”字与甲骨文一脉相承，但从隶书开始，“水”字的形体发生了演变，虽然我们依稀可辨别它的发展轨迹，但已经看不出水流之形了。在古文中，“水”通常用来指代河流，比如称渭河为“渭水”；后来也泛指一切水域，像水陆运输中所指的水等。小朋友，虽然水很常见，但地球上的水资源却是有限的，我们一定要学会节约用水哟！

shuǐ zì de yǎn biàn
【“水”字的演变】

甲骨文　　金文　　小篆　　隶书　　简体字

yīng yǔ yì diǎn tōng
【英语一点通】

“水”的英文是 water。如果说“一杯水”，英文则是 a glass of water 或者 a cup of water。和 water 相似的单词有 later，意思是“之后、后来”等。另外，“水立方”的英文是 Water Cube，其中 cube 的意思是“立方体”。小朋友知道“水立方”是什么吗？

kě ài de zǔ guó
【可爱的祖国】

shuǐ lì fāng jí guó jiā yóu yǒng zhōng xīn wèi yú běi jīng ào
“水立方”即国家游泳中心，位于北京奥
lín pǐ kè gōng yuán nèi shì běi jīng wèi nián xià jì ào yùn huì
林匹克公园内，是北京为 2008 年夏季奥运会
xiū jiàn de zhǔ yóu yǒng guǎn yě shì nián běi jīng ào yùn huì de
修建的主游泳馆，也是 2008 年北京奥运会的
biāo zhì xìng jiàn zhù wù zhī yī gāi jiàn zhù chéng fāng hé zi xíng
标志性建筑物之一。该建筑呈方盒子形
zhuàng tā de mó jié gòu shì gēn jù xì bāo pái liè xíng shì hé féi zào
状，它的膜结构是根据细胞排列形式和肥皂
pào tiān rán jié gòu shè jì ér chéng de
泡天然结构设计而成的。

州

zhōu zì cháng yòng lái zhǐ dì míng bǐ rú sū zhōu háng
“州”字常用来指地名，比如“苏州、杭
zhōu děng dàn shì nǐ zhī dào ma zhōu zì zuì chū de yì si
州”等，但是你知道吗？“州”字最初的意思
shì shuǐ zhōng de xiǎo kuài lù dì nǐ kàn jiǎ gǔ wén zhōng de zhōu
是水中的小块陆地。你看甲骨文中的“州”
zì tā shì zài dài biǎo hé liú de chuān zì zhōng jiān jiā shàng yí
字，它是在代表河流的“川”字中间加上一
gè xiǎo yuán quān lái shuō míng zhōu jiù shì hé liú zhōng ní shā chén
个小圆圈，来说明“州”就是河流中泥沙沉
jī ér chéng de xiǎo kuài lù dì dàn tā wèi hé yòu yòng lái zhǐ dì
积而成的小块陆地。但它为何又用来指地
míng ne xiāng chuán yuǎn gǔ shí qī hóng shuǐ fàn làn dà yǔ qián wǎng
名呢？相传远古时期洪水泛滥，大禹前往
zhì shuǐ bǎ lǎo bǎi xìng duǒ bì shuǐ zāi de shuǐ zhōng gāo dì fēn chéng
治水，把老百姓躲避水灾的水中高地分成
le jiǔ gè bù fen chēng wéi jiǔ zhōu yóu cǐ zhōu jiù chéng le
了九个部分，称为九州。由此，州就成了
yì zhǒng bèi huà fēn de dì lǐ qū yù zhú jiàn de biàn zhuān mén yòng
一种被划分的地理区域，逐渐地便专门用
lái zhǐ dài dì míng le hòu shì wèi le biǎo shì shuǐ zhōng lù dì de
来指代地名了。后世为了表示水中陆地的
gài niàn jiù lìng wài zào chū le xíng shēng zì zhōu lái dài tì
概念，就另外造出了形声字“洲”来代替
zhōu de běn yì
“州”的本义。

zhōu zì de yǎn biàn
【“州”字的演变】

甲骨文　金文　小篆　隶书　简体字

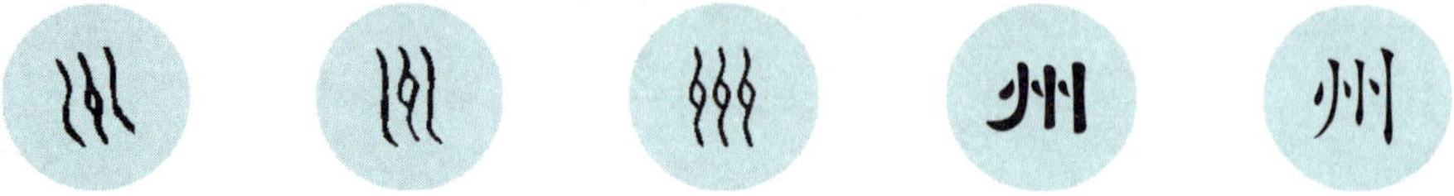

yīng yǔ yì diǎn tōng
【英语一点通】

“州”的英文是 state，是有些国家的一种行政区划，比如美国的纽约州就是 New York State 或 State of New York，其级别相当于我国的省级行政区。但是，“省份”的英文是 province，如四川省就是 Sichuan Province。另外，state 还有“国家、政府”的意思。

xiǎo péng you bèi shī cí
【小朋友背诗词】

shī jīng guān jū
诗经·关雎

guān guān jū jiū zài hé zhī zhōu yǎo tiǎo shū nǚ jūn zǐ hǎo qiú
关关雎鸠，在河之洲。窈窕淑女，君子好逑。
cēn cī xìng cài zuǒ yòu liú zhī yǎo tiǎo shū nǚ wù mèi qiú zhī
参差荇菜，左右流之。窈窕淑女，寤寐求之。
qiú zhī bù dé wù mèi sī fú yōu zāi yōu zāi zhǎn zhuǎn fǎn cè
求之不得，寤寐思服。悠哉悠哉，辗转反侧。
cēn cī xìng cài zuǒ yòu cǎi zhī yǎo tiǎo shū nǚ qín sè yǒu zhī
参差荇菜，左右采之。窈窕淑女，琴瑟友之。
cēn cī xìng cài zuǒ yòu mào zhī yǎo tiǎo shū nǚ zhōng gǔ yuè zhī
参差荇菜，左右芼之。窈窕淑女，钟鼓乐之。

（**注释**　关关：水鸟叫声。雎鸠：一种水鸟。洲：水中的陆地。窈窕：身材体态美好的样子。淑：善，好。好逑：理想的配偶。参差：长短不齐的样子。荇菜：水草类植物。流：义同“求”，这里指摘取。寤：睡醒。寐：睡着。思：语气助词。服：思念，牵挂。悠：忧思的样子。友：用作动词，此处有亲近之意。芼：择取，挑选。）

川

chuān zì shì yí gè xiàng xíng zì zuì chū de hán yì zhǐ hé
“川”字是一个象形字，最初的含义指河
liú zài jiǎ gǔ wén zhōng chuān zì liǎng cè shí xiàn bìng xíng
流。在甲骨文中，“川”字两侧实线并行，
biǎo shì hé àn zhōng jiān duàn xiàn dài biǎo liú shuǐ zhěng gè zì miáo
表示河岸；中间断线，代表流水；整个字描
huà le hé liú de xíng xiàng jīn wén wèi le jiǎn biàn jiāng zhōng jiān
画了河流的形象。金文为了简便，将中间
de duàn xiàn lián le qǐ lái zhī hòu xiǎo zhuàn děng zì tǐ yǔ cǐ yí
的断线连了起来，之后小篆等字体与此一
zhì zuì zhōng yǎn biàn wéi xiàn zài de chuān zì zài gǔ dài
致，最终演变为现在的“川”字。在古代，
chuān shì yì bān de hé liú de dài chēng ér hé yòng lái
“川”是一般的河流的代称，而“河”用来
zhuān zhǐ huáng hé jiāng zé shì zhuān zhǐ cháng jiāng lìng wài
专指黄河，“江”则是专指长江。另外，
chuān zì yǒu shí hái yòng lái biǎo shì hé liú chōng jī ér chéng de
“川”字有时还用来表示河流冲积而成的
píng yuán huò zhě shì shān gāo yuán zhī jiān de píng dì bǐ rú bā
平原，或者是山、高原之间的平地，比如“八
bǎi lǐ qín chuān shuō de jiù shì wǒ guó qín lǐng yǐ běi yóu wèi hé
百里秦川”说的就是我国秦岭以北由渭河
chōng jī xíng chéng de guān zhōng píng yuán gāi dì qū shì zhōng huá wén
冲积形成的关中平原，该地区是中华文
míng de fā xiáng dì
明的发祥地。

chuān zì de yǎn biàn

【“川”字的演变】

甲骨文　金文　小篆　隶书　简体字

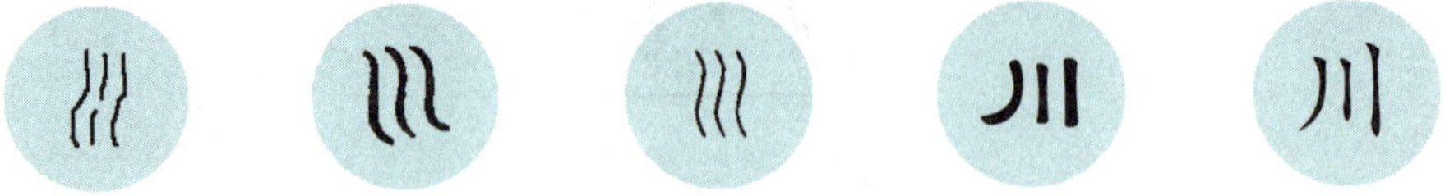

yīng yǔ yì diǎn tōng

【英语一点通】

“川”做“河流”讲时，英文是 river；做“平原”讲时，英文是 plain，比如“华北平原”就是 North China Plain。单词 river 和 diver 只相差一个字母，diver 指“潜水员”或“跳水运动员”。小朋友可以通过联想“潜水员跳到小河里”来记忆 diver 和 river。

cí yǔ jù bǎo pén

【词语聚宝盆】

chuān liú bù xī zhè ge chéng yǔ yòng lái xíng róng xíng rén
“川流不息”这个成语用来形容行人、
chē mǎ děng xiàng shuǐ liú yí yàng lái lái wǎng wǎng lián xù bú
车马等像水流一样来来往往、连续不
duàn lì rú guǎng chǎng shàng chē liàng mì jí lái lái wǎng
断。例如：广场上车辆密集，来来往
wǎng chuān liú bù xī yǔ chuān liú bù xī jìn yì de cí
往、川流不息。与“川流不息”近义的词
yǒu luò yì bù jué jiē zhǒng ér zhì děng fǎn yì de cí yǒu
有“络绎不绝、接踵而至”等，反义的词有
shuǐ xiè bù tōng
“水泄不通”。

沙

xiǎo péng you qù guo shā tān wán guo shā zi ma shā shì yì
小朋友去过沙滩，玩过沙子吗？沙是一
zhǒng fēi cháng xì suì de xiǎo shí lì bù jǐn shā mò lǐ yǒu jū zhù
种非常细碎的小石粒，不仅沙漠里有，居住
zài hǎi biān hé biān de rén men zài shā tān shàng yě néng kàn dào
在海边、河边的人们在沙滩上也能看到。
wǒ men de xiān mín zhú shuǐ ér jū suǒ yǐ tā men jiàn dào de shā zi
我们的先民逐水而居，所以他们见到的沙子
jiù zài shā tān fǎn yìng zài zào zì shàng jiǎ gǔ wén hé jīn wén jiù
就在沙滩。反映在造字上，甲骨文和金文就
dōu yǐ shuǐ biān huà shàng sì gè huò liù gè xiǎo diǎn lái huì yì shā tān
都以水边画上四个或六个小点来会意沙滩
shàng de shā xiǎo zhuàn zhōng de shā zì qū xiàng xiàn tiáo
上的“沙”。小篆中的“沙”字趋向线条
huà biǎo shì shā zi de xiǎo diǎn yě shī qù xiàng xíng de tè diǎn lì
化，表示沙子的小点也失去象形的特点；隶
shū yuán cǐ jìn xíng jiǎn huà zhěng gè zì xíng biàn de wán quán fú hào
书缘此进行简化，整个字形变得完全符号
huà xiǎo péng you dōu zhī dào sōng sǎn shì shā zi de tè diǎn zhuā
化。小朋友都知道松散是沙子的特点，抓
dào shǒu lǐ tā men yě huì yì diǎn diǎn liú diào dàn shì yì shù jiā
到手里它们也会一点点流掉。但是，艺术家
men què néng yòng shā zi zuò chū gè zhǒng shā diāo zuò pǐn xiàn zài měi
们却能用沙子做出各种沙雕作品，现在每
nián dōu yǒu guó jiā jǔ bàn gè zhǒng shā diāo jìng sài hé huó dòng
年都有国家举办各种沙雕竞赛和活动。

shā zì de yǎn biàn
【“沙”字的演变】

yīng yǔ yì diǎn tōng
【英语一点通】

“沙”的英文是 sand，指“沙子、沙滩”等，如 quick sand 即指“流沙”。看到单词 sand，小朋友是不是能想到另外一个单词 stand 呢？stand 比 sand 多了一个字母 t，意思是“站立”。老师上课前，班长是不是要喊 stand up（起立），要小朋友们向老师行礼呢？

cí yǔ jù bǎo pén
【词语聚宝盆】

chéng yǔ jù shā chéng tǎ shì shuō jù jí xì shā duī chéng bǎo tǎ zuì chū zhǐ xiǎo péng you men jìn xíng de duī tǎ yóu xì hòu lái yòng yú bǐ yù jī shǎo chéng duō jù xiǎo chéng dà yǔ jù shā chéng tǎ jìn yì de cí yǒu jí yè chéng qiú jī shǎo chéng duō děng fǎn yì de cí yǒu bēi shuǐ chē xīn děng

成语“聚沙成塔”是说聚集细沙堆成宝塔，最初指小朋友们进行的堆塔游戏，后来用于比喻积少成多、聚小成大。与“聚沙成塔”近义的词有“集腋成裘、积少成多”等，反义的词有“杯水车薪”等。

泉

xiǎo péng you zài guǎng chǎng gōng yuán lǐ kàn jiàn de pēn quán jī
小朋友在广场、公园里看见的喷泉基
běn dōu shì rén gōng pēn shuǐ shè bèi shì rén men wèi le zào jǐng xū
本都是人工喷水设备，是人们为了造景需
yào yòng lái měi huà huán jìng de tiān rán pēn quán yì bān dōu zài
要，用来美化环境的。天然喷泉一般都在
shān shí zhī jiān shì yì zhǒng zì rán jǐng guān gǔ rén guān chá dào
山石之间，是一种自然景观。古人观察到
quán shuǐ yóu dì xià pēn yǒng ér chū yú shì gēn jù tā de xíng tài
泉水由地下喷涌而出，于是根据它的形态，
zào chū le xiàng xíng zì quán jiǎ gǔ wén zhōng de quán zì
造出了象形字“泉”。甲骨文中的“泉”字，
jiù xiàng yǒu shuǐ yuán cóng quán yǎn gǔ gǔ liú chū xíng xiàng bī zhēn
就像有水源从泉眼汩汩流出，形象逼真、
xǔ xǔ rú shēng jīn wén zhōng de quán réng rán bǎo chí xiàng xíng de
栩栩如生；金文中的“泉”仍然保持象形的
tè diǎn zài wén zì zhōng jiān shù xiàn de liǎng biān jiā shàng xiǎo diǎn
特点，在文字中间竖线的两边加上小点，
jiù xiàng shì shuǐ liú chuān guò shān shí zhī jiān dào xiǎo zhuàn quán
就像是水流穿过山石之间；到小篆，“泉”
zì kāi shǐ xiàn tiáo huà dàn qí liáo liáo jǐ bǐ réng néng biǎo xiàn quán
字开始线条化，但其寥寥几笔仍能表现泉
yǎn yǒng chū shuǐ yuán dào lì shū quán zì wán quán fú hào huà
眼涌出水源；到隶书，“泉”字完全符号化，
rén men yǐ hěn nán kàn chū tā de xiàng xíng yì wèi
人们已很难看出它的象形意味。

quán zì de yǎn biàn

【“泉”字的演变】

甲骨文	金文	小篆	隶书	简体字
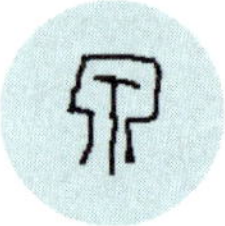	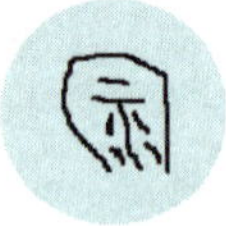		泉	泉

yīng yǔ yì diǎn tōng

【英语一点通】

“泉”的英文是 spring，如“矿泉”即 mineral spring，其中 mineral 的意思是“矿石、矿物质”。另外，fountain 也能表示“喷水、喷泉”，但它特指供观赏或供饮用的人工泉或喷泉；而 spring 则指从地面自然涌出的天然泉。除了表示“泉”，spring 还有“春天”等含义。

xiǎo péng you bèi shī cí

【小朋友背诗词】

xiǎo chí

小池

sòng yáng wàn lǐ

〔宋〕杨万里

quán yǎn wú shēng xī xì liú， shù yīn zhào shuǐ ài qíng róu。

泉眼无声惜细流，树阴照水爱晴柔。

xiǎo hé cái lù jiān jiān jiǎo， zǎo yǒu qīng tíng lì shàng tóu。

小荷才露尖尖角，早有蜻蜓立上头。

（**注释** 泉眼：泉水的出口。惜：吝惜。晴柔：晴天里柔和的风光。小荷：指刚刚长出水面的嫩荷花。尖尖角：还没有展开的荷花的尖端。头：上方。）

渊

yuān shì yí gè xiàng xíng zì biǎo shì de shì shēn shuǐ zhī
“渊”是一个象形字，表示的是深水之
tán dàn tā běn lái de hán yì shì zhǐ dǎ xuán wō de shuǐ zài jiǎ
潭，但它本来的含义是指打旋涡的水。在甲
gǔ wén zhōng yuān de zì xíng jiù xiàng yí gè sì miàn wéi qǐ lái
骨文中，“渊”的字形就像一个四面围起来
de shuǐ tán lǐ miàn shì biǎo shì dǎ xuán wō de shuǐ de xiàn tiáo dào
的水潭，里面是表示打旋涡的水的线条；到
jīn wén yuān zì yǎn biàn wéi zuǒ yòu jié gòu shuǐ liú zài zuǒ shuǐ
金文，“渊”字演变为左右结构，水流在左、水
tán zài yòu ér biǎo shì shuǐ tán de tú xíng lǐ de duǎn héng xiàn réng
潭在右，而表示水潭的图形里的短横线仍
yù zhǐ xuán wō xiǎo zhuàn de yuān zì chéng xí le jīn wén de
喻指旋涡。小篆的“渊”字承袭了金文的
jié gòu dàn zì xíng jiàn qū xiàn tiáo huà lì shū zhōng yuān zì
结构，但字形渐趋线条化。隶书中，“渊”字
dé dào jiǎn huà rán ér zì de yòu bàn bù fen suī rán yǐ jīng fú
得到简化，然而，字的右半部分虽然已经符
hào huà dàn sì hū réng néng kàn dào shuǐ dǎ xuán wō de yàng zi
号化，但似乎仍能看到水打旋涡的样子。
zài hàn yǔ zhōng yuān zì hái bèi yòng zuò xíng róng cí bǐ rú
在汉语中，“渊”字还被用作形容词，比如
yuān shēn shì zhǐ yí gè rén zhī shi guǎng fàn ér yòu jīng shēn ér
“渊深”是指一个人知识广泛而又精深，而
yuān cái shì shuō yí gè rén yǒu yuān bó de cái néng yuān xīn
“渊才”是说一个人有渊博的才能，“渊心”
shì zhǐ yí gè rén nèi xīn yuān shēn yuān sǒu zé shì zhǐ rén huò
是指一个人内心渊深，“渊薮”则是指人或
shì wù jí zhōng de dì fang
事物集中的地方。

yuān zì de yǎn biàn

【“渊”字的演变】

甲骨文	金文	小篆	隶书	简体字

yīng yǔ yì diǎn tōng

【英语一点通】

“渊”表示“深渊、深潭”时，英文是 deep pool。其中：deep 既可作名词指“深处”，如 in the deep of the forest（森林）意即“在森林深处”；也可作形容词指“深的”，如“The river is not deep.”意为“这条河不深”。单词 pool 的意思是“水池”，如“游泳池”即为 swimming pool。

cí yǔ jù bǎo pén

【词语聚宝盆】

rú lín shēn yuān shì shuō rú tóng chǔ yú shēn yuān biān yuán yì
“如临深渊”是说如同处于深渊边缘一

bān bǐ yù cún yǒu jiè xīn xíng shì jí wéi jǐn shèn lì rú zì
般，比喻存有戒心，行事极为谨慎。例如：自

cóng jiē shòu zhè yí zhòng rèn tā rú lín shēn yuān sī háo bù gǎn dà
从接受这一重任，他如临深渊，丝毫不敢大

yì yǔ rú lín shēn yuān jìn yì de cí yǒu tí xīn diào dǎn
意。与“如临深渊”近义的词有“提心吊胆、

xiǎo xīn jǐn shèn zhàn zhàn jīng jīng rú lǚ bó bīng děng
小心谨慎、战战兢兢、如履薄冰”等。

派

现代汉语中，“派”字既可以当名词用，如“流派、气派”等，也可以当动词用，如“派遣、摊派”等，有时还能用作量词，如“一派新气象”等。但“派”的最初含义是指水的支流。甲骨文中的“派”，就是一条河水有支流流入其他水道的象形；到金文，水流的两边增添了河堤的图形，省去了表示河水的小点，但字的含义仍是水的支流；小篆中，“派”字演变成左右结构，左边多出了“水”字旁，右边依旧保留金文的字形；到隶书，“派”字完全符号化，整个字在造字方式上也从象形转化为形声。简体字沿用隶书字形，未作改变。

【“派”字的演变】

甲骨文　　金文　　小篆　　隶书　　简体字

【英语一点通】

“派”指“流派、派别”时，英文有 school 和 group。其中，school 指“学派、流派”，但 school 最常用的意思是“学校”，如“去上学”就是 go to school。单词 group 也有“组、群、团体、类”等意思，如 a pop group 就是指“一个流行乐团”，其中 pop 的意思是“流行音乐”。

【可爱的祖国】

圆周率一般以 π 来表示，约等于 3.1415926，是一个普遍存在于数学及物理学中的数学常数，是精确计算圆周长、圆面积、球体积等几何形状的关键值。它的定义是圆形之周长和直径的比值。我国南北朝时期数学家祖冲之，约在 5 世纪下半叶就将圆周率精确到小数点后 7 位，是世界上最早把圆周率算到如此精确的人，他的辉煌成就比欧洲至少早了 1000 年。

冰

bīng shì zì rán jiè zhōng de shuǐ lěng níng ér chéng de gù tǐ xíng
冰是自然界中的水冷凝而成的固体形
tài tā huì suí shuǐ suǒ chǔ de wèi zhì de bù tóng ér xíng chéng bù
态，它会随水所处的位置的不同而形成不
tóng de xíng zhuàng jiǎ gǔ wén jīn wén zhōng de bīng zì dōu
同的形状。甲骨文、金文中的“冰”字，都
shì yóu liǎng gè rén zì xíng de fú hào xiāng dié ér chéng de miáo
是由两个“人”字形的符号相叠而成的，描
huà de jiù shì shān jiān liú shuǐ dòng jié chéng de bīng kuài de xíng zhuàng
画的就是山间流水冻结成的冰块的形状。
zài xiǎo zhuàn zhōng bīng zì duō chū le yí gè xiàng xíng de shuǐ
在小篆中，“冰”字多出了一个象形的“水”
zì biǎo shì bīng lái zì shuǐ de dòng jié yě biǎo míng bīng shǔ yú
字，表示“冰”来自水的冻结，也表明冰属于
shuǐ de zhè yí gè běn zhì tè zhēng qí hòu bīng de gè zì
水的这一个本质特征。其后，“冰”的各字
tǐ yuán xiǎo zhuàn ér chéng zuì hòu jiǎn xiě wéi wǒ men xiàn zài shū xiě
体缘小篆而成，最后简写为我们现在书写
de bīng xiǎo péng you yǐ jīng zhī dào le bīng qí shí yě shì
的“冰”。小朋友已经知道了“冰”其实也是
shuǐ dàn shì yǒu yì zhǒng bīng yǔ shuǐ méi yǒu guān xì zhè jiù shì
水，但是有一种“冰”与水没有关系，这就是
rén men suǒ shuō de gān bīng zhè zhǒng wù zhì shí jì shàng shì èr
人们所说的“干冰”，这种物质实际上是二
yǎng huà tàn de gù tǐ xíng tài
氧化碳的固体形态。

bīng zì de yǎn biàn
【“冰”字的演变】

甲骨文 金文 小篆 隶书 简体字

yīng yǔ yì diǎn tōng
【英语一点通】

“冰”的英文是 ice。英文中，ice 可以组成很多新的单词，例如：ice age（年龄、时代）指“冰河时代”；ice box（盒子）指“冰箱”；ice cream（奶油）指“冰淇淋”；Iceland 则指一个欧洲岛国，即“冰岛”。

xiǎo péng you bèi shī cí
【小朋友背诗词】

fú róng lóu sòng xīn jiàn
芙蓉楼送辛渐

táng wáng chāng líng
〔唐〕王 昌 龄

hán yǔ lián jiāng yè rù wú, píng míng sòng kè chǔ shān gū
寒雨连江夜入吴，平明送客楚山孤。

luò yáng qīn yǒu rú xiāng wèn, yí piàn bīng xīn zài yù hú
洛阳亲友如相问，一片冰心在玉壶。

（**注释** 芙蓉楼：原名西北楼，在润州[今江苏镇江]北。连江：满江。吴：三国时吴国在长江下游一带，所以称这一带为吴。平明：天亮的时候。楚山：春秋时楚国在长江中下游一带，所以称这一带的山为楚山。孤：独自，孤单一人。冰心：比喻纯洁的心。）

火

huǒ zài wǒ men rén lèi jìn huà de guò chéng zhōng qǐ guo zhòng yào
火在我们人类进化的过程中起过重要
zuò yòng rén lèi duì huǒ de rèn shi shǐ yòng hé zhǎng wò shì rén
作用，人类对火的认识、使用和掌握，是人
lèi rèn shi zì rán bìng lì yòng zì rán lái gǎi shàn shēng chǎn hé shēng
类认识自然，并利用自然来改善生产和生
huó de dì yī cì shí jiàn suǒ yǐ wǒ men de xiān mín zài zào zì shí
活的第一次实践，所以我们的先民在造字时
bì rán shǎo bù liǎo duì huǒ de miáo shù jiǎ gǔ wén zhōng de huǒ
必然少不了对火的描述。甲骨文中的“火”
shì yí gè hěn diǎn xíng de xiàng xíng zì zhěng gè zì xíng jiù xiàng yì
是一个很典型的象形字，整个字形就像一
tuán rán shāo zhe de huǒ dào jīn wén huǒ biàn chéng shí xīn de tú
团燃烧着的火；到金文，“火”变成实心的图
àn ér jīn wén hòu qī shí huǒ zì yòu yǎn biàn wéi xíng sì chái
案，而金文后期时，“火”字又演变为形似柴
huo shàng mào zhe huǒ miáo de tú xiàng xiǎo zhuàn de zì xíng jiù chéng
火上冒着火苗的图像；小篆的字形就承
xí le hòu qī jīn wén de zhè zhǒng xiě fǎ cóng lì shū qǐ huǒ
袭了后期金文的这种写法；从隶书起，“火”
de jiǎn jié shēng dòng de zì xíng zài méi yǒu fā shēng biàn huà yì zhí yán
的简洁生动的字形再没有发生变化，一直沿
yòng zhì jīn zài hàn zì zhōng hái yǒu bù shǎo yǐ huǒ wéi bù shǒu
用至今。在汉字中，还有不少以“火”为部首
de zì rú chǎo bào dēng jiǔ yán děng tā men de yì si
的字，如“炒、爆、灯、灸、炎”等，它们的意思
jī běn dōu yǔ huǒ huò zhě huǒ de shǐ yòng yǒu guān
基本都与火或者火的使用有关。

huǒ zì de yǎn biàn
【“火”字的演变】

甲骨文　金文　小篆　隶书　简体字

yīng yǔ yì diǎn tōng
【英语一点通】

“火”的英文是 fire。英文中有一个和 fire 相关的短语 play with fire，意思是“玩火”，也就是“铤而走险”的意思。玩火很危险，小朋友可千万别玩火。“不要玩火！”用英语讲就是“Don’t play with fire!”。另外，fire 还有“解雇”的意思，想想看，被人解雇了，心里是不是就很“火”呢？

xiǎo péng you xué ér gē
【小朋友学儿歌】

huǒ
火

wǒ zuì zhòng yì xīng xīng huǒ，huǒ de hǎo chù zhēn zhēn duō。
我最中意星星火，火的好处真真多。

gǎn zǒu hēi àn duō wēi fēng，guāng huī wēn nuǎn dōu gěi wǒ。
赶走黑暗多威风，光辉温暖都给我。

nǐ yào qǔ nuǎn kě shēng huǒ，nǐ yào zhǔ fàn yīng shēng huǒ。
你要取暖可生火，你要煮饭应生火。

dōng tiān gān zào duō huǒ zāi，huǒ zhǒng bú yào jiā zhōng bō。
冬天干燥多火灾，火种不要家中播。

炎

kàn dào yán zì xiǎo péng you jí shǐ bù zhī dào tā de yì
看到“炎”字，小朋友即使不知道它的意
si dàn gēn jù liǎng gè huǒ zì dié jiā zài yì qǐ de zì xíng
思，但根据两个“火”字叠加在一起的字形，
nǐ dà gài yě néng cāi dào yán de hán yì xiǎng xiang kàn zài
你大概也能猜到“炎”的含义。想想看，在
xià tiān yì bǎ huǒ jiù ràng rén gǎn dào rè le zài lái yì bǎ huǒ
夏天，一把火就让人感到热了，再来一把火，
nà qǐ bú jiù shì kù rè dàn shì jiǎ gǔ wén zhōng de
那岂不就是“酷热”？但是，甲骨文中的
yán běn yì què shì huǒ miáo shēng téng tā yóu liǎng gè zhǐ dài
“炎”，本义却是火苗升腾，它由两个指代
huǒ miáo de huǒ zì huì yì ér chéng qí hòu yán de zì
火苗的“火”字会意而成。其后，“炎”的字
tǐ bú duàn yǎn biàn dàn qí yóu shàng xià liǎng gè huǒ zì zǔ chéng
体不断演变，但其由上下两个“火”字组成
de zì xíng què dé yǐ bǎo liú bú guò yán de zì yì yě yǒu
的字形却得以保留。不过，“炎”的字义也有
yǎn biàn rén men cóng tā de běn yì yǐn shēn chū chì rè děng hán
演变，人们从它的本义引申出“炽热”等含
yì rú yán shǔ yán xià yán rì děng shèn zhì yóu chì rè shàng
义，如“炎暑、炎夏、炎日”等，甚至由炽热上
huǒ yòu yǎn shēng chū rén tǐ yán zhèng de yì si rú hóu yán
火又衍生出人体“炎症”的意思，如“喉炎、
yá yín yán děng
牙龈炎”等。

yán zì de yǎn biàn

【“炎”字的演变】

甲骨文	金文	小篆	隶书	简体字

yīng yǔ yì diǎn tōng

【英语一点通】

“炎”表示“炎热”时，英文是 torridity。小朋友要记住，torridity 是一个名词，它的形容词形式是 torrid，表示“炎热的”。例如，in the torrid sun 意即“在炎热的太阳下”。另外，英文中还有一个形容词 hot，也可以表示“热的”，如“It’s extremely hot there. ”意为“那里的天气炎热”。

kě ài de zǔ guó

【可爱的祖国】

yán dì shì zhōng huá mín zú de shǐ zǔ zhī yī chuán shuō wéi shàng
炎帝是中华民族的始祖之一，传说为上
gǔ jiāng xìng bù luò shǒu lǐng tā yǔ huáng dì jié méng bìng zhú jiàn
古姜姓部落首领。他与黄帝结盟并逐渐
xíng chéng le huá xià zú zhè cái yǒu le jīn tiān de huá xià zǐ sūn
形成了华夏族，这才有了今天的华夏子孙。
rén men dà dōu rèn wéi yán dì jiù shì chuán shuō zhōng de shén nóng shì
人们大都认为炎帝就是传说中的神农氏，
tā jiāo huì rén men zhì zào lěi sì zhòng zhí wǔ gǔ chàng dǎo kāi pì
他教会人们制造耒耜、种植五谷，倡导开辟
mào yì shì chǎng jiāo rén men yòng má sāng zhì zuò yī shang fā míng
贸易市场，教人们用麻桑制作衣裳，发明
yuè qì wǔ xián qín bìng chuàng zào le gōng jiàn děng wèi zhōng huá mín
乐器五弦琴，并创造了弓箭等，为中华民
zú de shēng cún fán yǎn hé fā zhǎn zuò chū le zhòng yào gòng xiàn
族的生存繁衍和发展作出了重要贡献。

灰

huī zì yǒu biǎo shì yán sè de hán yì bǐ rú huī sè
“灰”字有表示颜色的含义，比如“灰色、
huī tài láng yě néng biǎo shì wù tǐ rán shāo hòu de cán yú wù
灰太狼”；也能表示物体燃烧后的残余物，
lì rú huī jìn zài jīn wén zhōng huī zì de shàng bàn bù
例如“灰烬”。在金文中，“灰”字的上半部
fen shì shǒu de xiàng xíng yòu zì xià bàn bù fen shì huǒ de
分是手的象形“又”字，下半部分是“火”的
xiàng xíng zì liǎng zhǒng tú xíng zǔ hé huì yì biǎo shì yòng shǒu cóng
象形字。两种图形组合会意，表示用手从
xī miè de huǒ duī lǐ qǔ chū huī jìn dào xiǎo zhuàn huī zì
熄灭的火堆里取出灰烬。到小篆，“灰”字
shěng diào le yòu zhōng de xiǎo diǎn lì shū yuán cǐ xiě chéng
省掉了“又”中的小点。隶书缘此写成
huī bìng yán yòng zhì jīn yīn wèi xī miè de huī jìn bù néng zài
“灰”，并沿用至今。因为熄灭的灰烬不能再
cì rán shāo qǐ lái suǒ yǐ rén men cháng yòng huī xīn lái bǐ yù
次燃烧起来，所以，人们常用“灰心”来比喻
sàng shī xìn xīn huò zhě biǎo shì yì zhì xiāo chén bǐ rú wǒ men rì
丧失信心或者表示意志消沉，比如我们日
cháng yòng dào de cí jiù yǒu xīn huī yì lěng xīn rú sǐ huī děng
常用到的词就有“心灰意冷、心如死灰”等。
xiǎo péng you yào xué huì jiān qiáng yù dào cuò zhé rèn hé shí hou dōu
小朋友要学会坚强，遇到挫折任何时候都
bù néng huī xīn yo
不能灰心哟！

huī zì de yǎn biàn
【“灰”字的演变】

金文　小篆　隶书　简体字

yīng yǔ yì diǎn tōng
【英语一点通】

“灰”表示“灰烬”时，英文是 ash。但当“灰”表示“灰色”时，英文是 gray。例如，“灰色背景”即 gray background，其中 background 指“背景”。

xiǎo péng you bèi shī cí
【小朋友背诗词】

niàn nú jiāo　chì bì huái gǔ
念奴娇·赤壁怀古

sòng　sū shì
〔宋〕苏轼

dà jiāng dōng qù　làng táo jìn　qiān gǔ fēng liú rén wù　gù lěi xī
大江东去，浪淘尽，千古风流人物。故垒西
biān　rén dào shì　sān guó zhōu láng chì bì　luàn shí chuān kōng　jīng tāo
边，人道是，三国周郎赤壁。乱石穿空，惊涛
pāi àn　juǎn qǐ qiān duī xuě　jiāng shān rú huà　yì shí duō shǎo háo jié
拍岸，卷起千堆雪。江山如画，一时多少豪杰。

yáo xiǎng gōng jǐn dāng nián　xiǎo qiáo chū jià liǎo　xióng zī yīng fā
遥想公瑾当年，小乔初嫁了，雄姿英发。
yǔ shàn guān jīn　tán xiào jiān　qiáng lǔ huī fēi yān miè　gù guó shén
羽扇纶巾，谈笑间，樯橹灰飞烟灭。故国神
yóu　duō qíng yīng xiào wǒ　zǎo shēng huá fà　rén shēng rú mèng　yì zūn
游，多情应笑我，早生华发。人生如梦，一尊
huán lèi jiāng yuè
还酹江月。

灾

yuǎn gǔ shí dài shuǐ hé huǒ gěi rén men de shēng huó dài lái hǎo
远古时代，水和火给人们的生活带来好
chù de tóng shí yě shí cháng huì dài lái zāi nàn bǐ rú hóng shuǐ
处的同时，也时常会带来灾难，比如：洪水
yān mò le rén men qī xī de lù dì dà huǒ fén shāo le rén men jū
淹没了人们栖息的陆地，大火焚烧了人们居
zhù de fáng wū suǒ yǐ zāi zì de chuàng zào biǎo míng le rén
住的房屋。所以，“灾”字的创造表明了人
men duì yú shuǐ huǒ suǒ zào chéng de zāi nàn de kǒng jù hé jì yì
们对于水、火所造成的灾难的恐惧和记忆。
zài lì shū zhī qián gè zì tǐ zhōng de zāi zì dōu yǒu liǎng zhǒng
在隶书之前，各字体中的“灾”字都有两种
xiě fǎ biǎo dá le shuǐ hé huǒ dōu néng zào chéng zāi nàn de yì si
写法，表达了水和火都能造成灾难的意思。
jiǎ gǔ wén zhōng dì yī zhǒng xiě fǎ biǎo shì hóng shuǐ fàn làn qí
甲骨文中，第一种写法表示洪水泛滥，其
jīn wén hái huà shàng yí gè yuán quān biǎo shì hóng shuǐ yān mò le lù
金文还画上一个圆圈，表示洪水淹没了陆
dì dì èr zhǒng xiě fǎ shì gè huì yì zì yòng biǎo shì fáng wū de
地；第二种写法是个会意字，用表示房屋的
xià cuān chū huǒ miáo lái shuō míng fáng wū zháo huǒ jí zāi nàn fā
“宀”下蹿出火苗来说明房屋着火，即灾难发
shēng dì yī zhǒng xiě fǎ de xiǎo zhuàn jiāng liǎng zhǒng zāi zì de
生。第一种写法的小篆将两种“灾”字的
xiě fǎ róng hé biǎo shì shuǐ huǒ dōu néng chéng zāi ér zāi de
写法融合，表示水、火都能成灾，而“灾”的
fán tǐ zì zāi jí yuán cǐ ér lái dào lì shū liǎng zhǒng xiě
繁体字“災”即缘此而来。到隶书，两种写
fǎ yòu dōu yǎn biàn wéi zì xíng jiǎn jié de zāi
法又都演变为字形简洁的“灾”。

【“灾”字的演变】

甲骨文 金文 小篆 隶书 简体字

【英语一点通】

和“灾”对应的英文有 disaster 和 calamity，它们都表示“灾难、灾祸”等。但是，disaster 一般指“不可预测的意外事件所造成的灾难或不幸”，如“自然灾害”即 natural disaster；而 calamity 一般指“巨大而严重的不幸或灾难”，多指个人的不幸。

【科普小知识】

自然灾难是自然界中发生的异常现象，既有地震、火山爆发、泥石流、海啸、台风、洪水等突发性灾难，也有地面沉降、土地沙漠化、干旱、海岸线变化等渐变性灾难，还有臭氧层变化、水体污染、水土流失、酸雨等环境灾难。这些自然灾难和环境破坏之间存在着复杂的联系。所以，保护环境，从我做起，人人都有责任。

土

yǔ kōng qì hé shuǐ yí yàng tǔ duì rén lèi de shēng cún zhì
与空气和水一样，“土”对人类的生存至
guān zhòng yào yīn wèi tā néng yùn yù wàn wù shēng zhǎng zhuāng
关重要。因为它能孕育万物，生长庄
jia shì yí qiè nóng gēng wén míng de jī chǔ suǒ yǐ wǒ men de
稼，是一切农耕文明的基础，所以，我们的
zǔ xiān duì tǔ dì de chóng bài yóu lái yǐ jiǔ zài gǔ dài rén men
祖先对土地的崇拜由来已久。在古代，人们
zài dì miàn shàng duī qǐ hěn dà de tǔ duī yòng yú jì xiàn shén líng
在地面上堆起很大的土堆，用于祭献神灵，
jiǎ gǔ wén de xiàng xíng wén zì tǔ jiù miáo huì le zhè zhǒng qíng
甲骨文的象形文字“土”就描绘了这种情
xing kōng xīn de quān dài biǎo tǔ duī xià miàn de yì héng biǎo shì dì
形：空心的圈代表土堆，下面的一横表示地
miàn jīn wén zhōng tǔ de kōng xīn quān xíng biàn wéi shí xīn
面。金文中，“土”的空心圈形变为实心，
zhè dà gài shì shòu dào qīng tóng qì de zhù zào fāng shì de yǐng xiǎng
这大概是受到青铜器的铸造方式的影响。
dào xiǎo zhuàn shí xīn quān yòu biàn wéi zì xíng biǎo xiàn le
到小篆，实心圈又变为“十”字形，表现了
wén zì xiàn tiáo huà de qū shì lì shū yuán cǐ xiě zuò tǔ
文字线条化的趋势。隶书缘此写作“土”。
zhī hòu gè zì tǐ zūn xún lì shū de zì xíng tǔ zì zài méi
之后，各字体遵循隶书的字形，“土”字再没
fā shēng yǎn biàn
发生演变。

tǔ zì de yǎn biàn
【“土”字的演变】

甲骨文　金文　小篆　隶书　简体字

yīng yǔ yì diǎn tōng
【英语一点通】

“土”的英文有 dust、earth、soil 等。其中，dust 指“尘土、尘埃”等，earth 指“大地、土地、地球”等，soil 则指“土壤、泥土”等。小朋友还应注意，dust 和 must(必须)很相似。earth 中还包含了一个单词 ear(耳朵)，而 soil 中也有一个单词 oil，是“油、石油”的意思。

xiǎo péng you bèi shī cí
【小朋友背诗词】

shān pō yáng tóng guān huái gǔ
山坡羊·潼关怀古

yuán zhāng yǎng hào
〔元〕张养浩

fēng luán rú jù, bō tāo rú nù, shān hé biǎo lǐ tóng guān lù。wàng xī dū, yì chóu chú。shāng xīn qín hàn jīng xíng chù, gōng què wàn jiān dōu zuò le tǔ。xīng, bǎi xìng kǔ; wáng, bǎi xìng kǔ。

峰峦如聚，波涛如怒，山河表里潼关路。望西都，意踌躇。伤心秦汉经行处，宫阙万间都做了土。兴，百姓苦；亡，百姓苦。

(**注释**　山坡羊：曲牌名。潼关：古关口名，现属陕西潼关县。山河表里：指潼关外有黄河，内有华山。西都：指长安，也泛指秦汉以来在长安附近所建的都城。踌躇：形容思潮起伏。经行处：经过的地方。宫阙：皇宫建筑。)

田

xiǎo péng you qù yě wài jiāo yóu yīng gāi jiàn guo zòng héng jiāo cuò
小朋友去野外郊游，应该见过纵横交错
de nóng tián zhè xiē tián dì yǐ tián gěng fēn gē chéng kuài zhuàng fēn
的农田，这些田地以田埂分割，成块状分
bù yīn cǐ kàn dào jiǎ gǔ wén zhōng de xiàng xíng zì tián xiǎo
布。因此，看到甲骨文中的象形字“田”，小
péng you shì bú shì néng cāi chū tā zhǐ dài de jiù shì nóng tián shàng
朋友是不是能猜出它指代的就是农田？上
gǔ shí dài huáng hé liú yù tǔ dì féi wò rén men wèi le gēng zuò
古时代，黄河流域土地肥沃，人们为了耕作
fāng biàn jiāng nóng tián jìn xíng kuài zhuàng fēn gē bìng zài zhōng jiān liú
方便，将农田进行块状分割，并在中间留
chū tián gěng yǐ lì nóng rén chuān xíng wǒ guó zhōu cháo shí qī
出田埂，以利农人穿行。我国周朝时期，
guó jiā céng shí xíng yì zhǒng jǐng tián zhì jiāng nóng tián huà wéi
国家曾实行一种“井田制”，将农田划为
jǐng zì xíng jìn xíng fēn gōng gēng zhòng zhè yě suàn shì jiǎ gǔ wén
“井”字形进行分工耕种，这也算是甲骨文
zhōng tián zì xíng suǒ yùn hán de gēng zuò fāng shì zài shí jì shēng
中“田”字形所蕴含的耕作方式在实际生
chǎn zhōng de yí gè yùn yòng yóu yú tián de zì xíng jiǎn jié
产中的一个运用。由于“田”的字形简洁
shēng dòng míng bai yì dǒng suǒ yǐ cóng chuàng zào zhī chū dào xiàn
生动、明白易懂，所以从创造之初到现
zài tián jiù yì zhí bèi yán yòng méi yǒu fā shēng dà de
在，“田”就一直被沿用，没有发生大的
yǎn biàn
演变。

tián zì de yǎn biàn
【“田”字的演变】

甲骨文　金文　小篆　隶书　简体字

yīng yǔ yì diǎn tōng
【英语一点通】

“田”的英文是 field，意思是“田、地”。例如，“They are working in the field.”翻译过来就是“他们正在地里干活”。另外，“田”也可以说成 farmland，意思是“农田、耕地、牧地”等。单词 farmland 由 farm 和 land 组成，farm 表示“农田、农场”，land 则指“土地、陆地”等。

xiǎo péng you bèi shī cí
【小朋友背诗词】

hàn yuè fǔ　jiāng nán
汉乐府·江南

jiāng nán kě cǎi lián　lián yè hé tián tián
江南可采莲，莲叶何田田。

yú xì lián yè jiān　yú xì lián yè dōng　yú xì lián yè xī
鱼戏莲叶间，鱼戏莲叶东，鱼戏莲叶西，

yú xì lián yè nán　yú xì lián yè běi
鱼戏莲叶南，鱼戏莲叶北。

（**注释**　汉乐府：乐府原是古代掌管音乐的官署，兼采民间歌谣和乐曲。魏晋以后，习惯将汉代乐府机关所搜集演唱的诗歌统称为乐府诗。田田：指荷叶相连、茂盛的样子。戏：嬉戏。）

农

我国有着庞大的农业人口，是一个传统的农业大国，我们的祖先在黄河流域孕育的文化也被称为农耕文明。上古时代，我们的先民就知道刀耕火种，开始了农业生产。于是，在构建汉字系统的过程中，他们也创造了“农”字。“农”的本义是开荒、耕种。在甲骨文中，“农”的上半部分是草木的象形，下面则是手执石镰的样子，喻除草耕田。金文中，“农”字的上半部分在草木之形中多了一个“田”字，喻拓荒为田进行耕作乃为“农”事。到小篆，字形发生大的演变。至隶书，“农”已完全符号化。汉字简化后，字形演变为“农”。

nóng zì de yǎn biàn
【“农”字的演变】

甲骨文　金文　小篆　隶书　简体字

yīng yǔ yì diǎn tōng
【英语一点通】

“农”指“农业”时，英文是 agriculture；“农”表示“农事、耕作”时，英文是 farming；“农”指“农民”时，英文则为 peasant。单词 peasant 还包含有 pea（豌豆）和 ant（蚂蚁）两个单词，小朋友可以用句子“蚂蚁吃了农民的豌豆”来联想记忆 ant、peasant 和 pea。

xiǎo péng you bèi shī cí
【小朋友背诗词】

mǐn nóng
悯农

táng lǐ shēn
〔唐〕李绅

chūn zhòng yí lì sù　qiū shōu wàn kē zǐ
春种一粒粟，秋收万颗子。

sì hǎi wú xián tián　nóng fū yóu è sǐ
四海无闲田，农夫犹饿死。

（**注释**　悯：怜悯。粟：泛指谷类。子：粮食颗粒。四海：泛指全国各地。闲田：闲置不种的田地。犹：还。）

木

yuǎn gǔ shí qī wǒ men de xiān mín shēng huó zài cóng lín zhōng
远古时期，我们的先民生活在丛林中，
tā men yǐ shù shàng de guǒ shí wéi shí yǐ mù bàng zuò wéi shòu liè
他们以树上的果实为食，以木棒作为狩猎
de gōng jù hái yòng shù zhī lái zuān mù qǔ huǒ duì gǔ rén lái
的工具，还用树枝来钻木取火。对古人来
shuō shù mù zhì guān zhòng yào suǒ yǐ tā men bù jǐn bǎ mù
说，树木至关重要。所以他们不仅把“木”
kàn zuò gòu chéng wàn wù de jī běn yuán sù hái zào chū mù zì
看作构成万物的基本元素，还造出“木”字
lái jì lù yǔ zhī yǒu guān de shēng huó jiǎ gǔ wén zhōng de mù
来记录与之有关的生活。甲骨文中的“木”
jiù shì yí gè shù de xiàng xíng yǒu zhī yǒu gēn jiǎn jié míng liǎo
就是一个树的象形，有枝有根，简洁明了；
dào jīn wén mù de zì xíng méi yǒu duō dà biàn huà xiǎo zhuàn
到金文，“木”的字形没有多大变化；小篆
shí mù zì qū yú xiàn tiáo huà dàn zì xíng hái bǎo liú zhe xiàng
时，“木”字趋于线条化，但字形还保留着象
xíng de hén jì zhī hòu gè zì tǐ yuán cǐ ér lái mù de xiàng
形的痕迹；之后各字体缘此而来，“木”的象
xíng tè diǎn réng néng biàn bié chū lái hàn zì zhōng yǒu xǔ duō yǔ shù
形特点仍能辨别出来。汉字中有许多与树
mù yǒu guān de zì dōu yī jù mù zì yǎn shēng ér lái rú lín
木有关的字都依据“木”字衍生而来，如“林”
zì zhǐ xǔ duō shù mù zǔ chéng de shù lín sēn zì zé zhǐ bǐ yì
字指许多树木组成的树林，“森”字则指比一
bān shù lín dà de duō de shù lín jí sēn lín děng
般树林大得多的树林，即森林等。

mù zì de yǎn biàn
【“木”字的演变】

甲骨文	金文	小篆	隶书	简体字

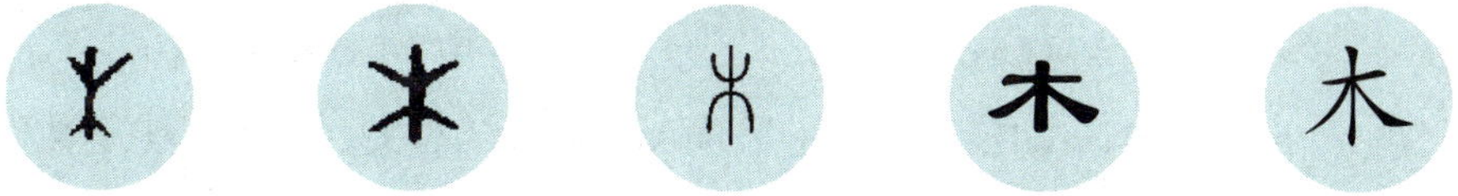

yīng yǔ yì diǎn tōng
【英语一点通】

“木”的英文有 tree 和 wood 等。其中：单词 tree 指“树木”，如 a banana tree 即指“香蕉树”；而 wood 指“木头、木料”，其复数形式 woods 则指“树林、森林”，如 be out of the woods 即指“走出森林、摆脱危险”。另外，单词 food（食物）和 wood 字形很像，小朋友要注意辨认。

xiǎo péng you cāi mí yǔ
【小朋友猜谜语】

yǒu gè zì zhuō mí cáng zhuō xià fā dāi kǒu dà zhāng
有个字，捉迷藏，桌下发呆口大张。

hū rán pǎo dào chú guì wài qiāo qiāo duǒ zài yǐ zi páng
忽然跑到橱柜外，悄悄躲在椅子旁。

dǎ yí zì
（打一字）

mí dǐ mù
（谜底：木）

本

běn zì de chuàng zào yuán zì mù zì zài jiǎ gǔ
“本”字的创造源自“木”字。在甲骨
wén jīn wén zhōng běn zì shì zài xiàng xíng de mù de gēn
文、金文中，“本”字是在象形的“木”的根
bù jiā shàng sān gè yuán diǎn tū chū qiáng diào shù gēn de wèi zhì suǒ
部加上三个圆点，突出强调树根的位置所
zài yǐ zhǐ shì de zào zì fāng shì shuō míng běn de hán yì shì zhǐ
在，以指事的造字方式说明“本”的含义是指
shù mù de gēn huò zhě shù mù de jīng gàn dào xiǎo zhuàn běn zì
树木的根或者树木的茎干。到小篆，“本”字
zhōng qiáng diào shù gēn wèi zhì de sān gè yuán diǎn yǎn biàn wéi yí gè
中强调树根位置的三个圆点演变为一个
duǎn héng tǐ xiàn le hàn zì zhú jiàn fú hào huà xiàn tiáo huà de qū
短横，体现了汉字逐渐符号化、线条化的趋
shì dào lì shū běn de zì xíng dé dào què dìng zhī hòu méi
势。到隶书，“本”的字形得到确定，之后没
zài fā shēng yǎn biàn dàn shì běn de hán yì què cóng zuì chū
再发生演变。但是，“本”的含义却从最初
de gēn jīng gàn zhī yì yǐn shēn chū gēn yuán gēn běn jī
的“根、茎干”之义引申出“根源、根本、基
chǔ děng yì si rán hòu yòu cóng gēn yuán yǐn shēn chū běn lái
础”等意思，然后又从“根源”引申出“本来、
yuán lái děng yì si cóng gēn běn yǐn shēn chū běn qián de yì
原来”等意思，从“根本”引申出“本钱”的意
si cóng jī chǔ yǐn shēn chū dǐ běn bǎn běn děng yì si
思，从“基础”引申出“底本、版本”等意思。

【“本”字的演变】

【英语一点通】

“本”表示“根、根本、基础”时，英文是 root，如说“Money is the root of all evil.”意思就是“金钱是万恶之源”，其中 money 指“金钱”，evil 指“邪恶的”。英文中，root 和 foot 字形较接近，foot 是“脚”的意思。另外，小朋友还要记住，foot 的复数形式是 feet。

【可爱的祖国】

《本草纲目》是我国明朝李时珍历时近 30 年编成的一部药物学巨著。书中不仅考证了过去本草学中的若干错误，提出了较科学的药物分类方法，融入了先进的生物进化思想，还反映了丰富的临床实践。该书被誉为“东方药物巨典”，同时它也是一部具有世界性影响的博物学著作，对人类近代科学以及医学产生了很大的影响。

末

与“本”字一样，“末”字也是由“木”字衍生而来。但“末”的最初含义与“本”相对，指的是树梢。这两个意思相对的字还组成了一个成语“本末倒置”，即由树根、树梢位置颠倒引申为弄错事物的轻重和主次。金文中的“末”是在“木”的上面部分加一条短横，指明树梢所在的位置。小篆中，这一条短横被加长，突出强调“末”字的含义即树梢。之后，各字体缘此而来，没有再发生字形的变化。但“末”的字义同样得到扩展，如从最基本的“树梢”之义引申出“尖端、尽头、最后、末尾”等含义，又从“尖端”引申出“偏远”的意思，从“尽头、最后、末尾”引申出“衰败、晚年”等意思。

mò zì de yǎn biàn
【“末”字的演变】

金文　小篆　隶书　简体字

yīng yǔ yì diǎn tōng
【英语一点通】

“末”的英文是 end。短语 in the end 的意思是“最后、结果”，如“In the end their army was beaten.”意为“最后他们的军队被打败了”。短语 at the end(of)的意思是“最终、在……的末梢、在……的尽头”，如“Please turn right at the end of this road.”意为“走到这条路的尽头向右转”。

cí yǔ jù bǎo pén
【词语聚宝盆】

qiáng nǔ zhī mò yǔ chū shǐ jì yuán wén shì qiáng
“强弩之末”语出《史记》，原文是“强
nǔ zhī mò shǐ bù néng chuān lǔ gǎo yì si shì qiáng jìng de
弩之末，矢不能穿鲁缟”，意思是强劲的
gōng nǔ dào le zuì hòu tā de jiàn tóu lián lǔ dì suǒ chǎn de zuì
弓弩到了最后，它的箭头连鲁地所产的最
báo de bái juàn yě shè bù chuān zhè ge chéng yǔ yòng lái bǐ yù
薄的白绢也射不穿。这个成语用来比喻
qiáng dà de lì liàng yǐ jīng shuāi ruò qǐ bù liǎo shén me zuò
强大的力量已经衰弱，起不了什么作
yòng yǔ qiáng nǔ zhī mò jìn yì de cí yǒu biān cháng mò
用。与“强弩之末”近义的词有“鞭长莫
jí fǎn yì de cí yǒu shì rú pò zhú shì bù kě dāng
及”，反义的词有“势如破竹、势不可当”。

束

shù yě shì yí gè yǔ mù zì yǒu guān de zì tā shì
“束”也是一个与“木”字有关的字，它是
zài jiǎ gǔ wén mù zì de jī chǔ shàng huì yì yǎn shēng ér lái
在甲骨文“木”字的基础上会意、衍生而来。
jiǎ gǔ wén shù zì de zhōng jiān bǐ xiàng xíng zì mù duō le yí
甲骨文“束”字的中间比象形字“木”多了一
gè quān ér zhè ge mù hé xiǎo quān liǎng xíng huì yì jiù biǎo shì
个圈，而这个“木”和小圈两形会意，就表示
shù shì zhǐ yòng shéng suǒ téng tiáo zhī lèi de dōng xi jiāng mù
“束”，是指用绳索、藤条之类的东西将木
chái kǔn zā bǎng fù jīn wén zhōng shù de zì xíng méi yǒu tài
柴捆扎、绑缚。金文中，“束”的字形没有太
dà biàn huà zài cǐ jī chǔ shàng xiǎo zhuàn de shù zì gèng jù
大变化。在此基础上，小篆的“束”字更具
xiàn tiáo huà de tè diǎn qí hòu shù de zì xíng jī běn bǎo chí
线条化的特点。其后，“束”的字形基本保持
bú biàn rán ér shù de zì yì zài wén zì yǎn biàn zhōng dé
不变。然而，“束”的字义在文字演变中得
dào kuò zhǎn cóng zuì chū de kǔn zā bǎng fù zhī yì yǎn shēng
到扩展，从最初的“捆扎、绑缚”之义衍生
chū yuē shù shù fù jí zhěng lǐ děng hán yì shù zì hái
出“约束、束缚”及“整理”等含义；“束”字还
cóng dòng cí yǎn biàn wéi liàng cí rú yí shù xiān huā děng lìng
从动词演变为量词，如“一束鲜花”等；另
wài shù zì yě néng dàng zuò míng cí lái yòng zhǐ jù jí chéng
外，“束”字也能当作名词来用，指“聚集成
yì tiáo de dōng xi rú guāng shù děng
一条的东西”，如“光束”等。

【“束”字的演变】

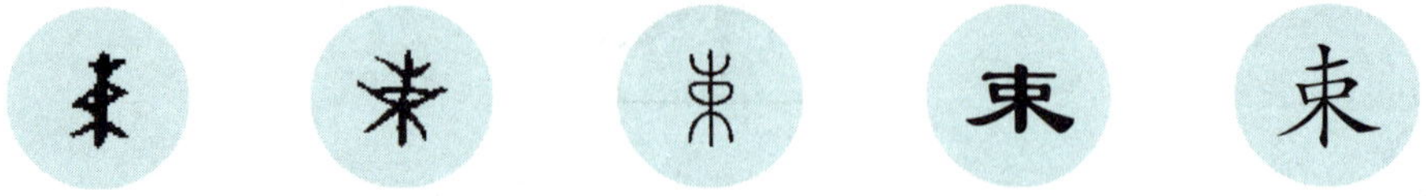

【英语一点通】

“束”表示“捆、绑”时，英文是 bind；表示量词“一束”时，英文是 bundle，如 a bundle of flower（花）意即“一束花”。单词 bind 加上一个字母 l，就会变成 blind，指“失明的、瞎眼的”，如 a blind man 的意思就是“盲人”。

【词语聚宝盆】

“束之高阁”意思是把东西捆起来放在高高的架子上。比喻放着不用，也比喻把某事或某种主张、意见、建议等搁置起来，不予理睬和办理。例如：如果把正确的理论空谈一阵，束之高阁，并不实行，那么这种理论再好也没有意义。与“束之高阁”近义的词是“置之不理”，反义的词是“爱不释手”等。

叶

hé zhí wù de huā guǒ shí xiāng bǐ dà bù fen zhí wù de yè
和植物的花、果实相比，大部分植物的叶
zi jì bú piào liang yě bù kě yǐ chī dàn shì xiǎo péng you yīng
子既不漂亮，也不可以吃。但是，小朋友应
gāi zhī dào duì zhí wù lái shuō yè zi què shì zuì zhòng yào de
该知道，对植物来说，叶子却是最重要的。
zhī yǒu tā cái néng tōng guò guāng hé zuò yòng gěi zhí wù tí gōng shēng
只有它才能通过光合作用，给植物提供生
zhǎng bì xū de yǎng liào yīn wèi yè zi zhǎng zài zhí wù de zhī tiáo
长必需的养料。因为叶子长在植物的枝条
shàng suǒ yǐ jīn wén zài yè zì de shàng bù yòng sān gè duǎn héng
上，所以金文在“叶”字的上部用三个短横
lái biǎo shì zhī tiáo shàng de yè piàn zhī xíng dào xiǎo zhuàn yè
来表示枝条上的叶片之形。到小篆，“叶”
de zì xíng biàn de fù zá zēng jiā le cǎo zì tóu biǎo míng
的字形变得复杂，增加了草字头“艸”，表明
yè zi běn shēn jù yǒu cǎo běn de tè zhì lì shū zài xiǎo zhuàn de
叶子本身具有草本的特质。隶书在小篆的
jī chǔ shàng yǒu suǒ jiǎn huà xiě zuò yè yě yóu cǐ wán chéng le
基础上有所简化，写作“葉”，也由此完成了
tā de fú hào huà yǎn biàn dàn hàn zì jiǎn huà shí xié de yì
它的符号化演变。但汉字简化时，“协”的异
tǐ zì yè bèi jiè yòng lái zhǐ chēng zhí wù de yè zi yóu
体字“叶”被借用，来指称植物的叶子。由
cǐ fán tǐ zì yè yě jiù wéi yè zì suǒ qǔ dài
此，繁体字“葉”也就为“叶”字所取代。

yè zì de yǎn biàn

【“叶”字的演变】

金文　小篆　隶书　简体字

yīng yǔ yì diǎn tōng

【英语一点通】

“叶”的英文是 leaf，它的复数形式是 leaves。在英文中，leaf 不仅可以指“叶子”，还可以指“页”，如“Several leaves had been torn out of the novel.”意为“这本小说已被撕掉了几页”。另外，表示“树叶”的 leaf 和表示“耳聋的”英文 deaf 很接近，小朋友要注意区别哟！

xiǎo péng you bèi shī cí

【小朋友背诗词】

tóng ér bèi fù wèi kāi hǎi táng

同儿辈赋未开海棠

jīn yuán hào wèn

〔金〕元好问

zhī jiān xīn lǜ yì chóng chóng　xiǎo lěi shēn cáng shù diǎn hóng

枝间新绿一重重，小蕾深藏数点红。

ài xī fāng xīn mò qīng tǔ　qiě jiào táo lǐ nào chūn fēng

爱惜芳心莫轻吐，且教桃李闹春风。

（**注释**　赋：吟咏。一重重：形容新生的绿叶茂盛繁密。小蕾：指海棠花的花蕾。芳心：原指年轻女子的心。这里一语双关，一指海棠的花蕊，二指儿辈们的心。轻吐：轻易、随便地开放。且教：还是让。闹春风：在春天里争妍斗艳。）

竹

zài zhòng duō zhí wù zhōng zhú zi yīn wèi jù yǒu zhì dì jiān
在众多植物中，竹子因为具有质地坚
yìng qīng biàn yì qǔ de yōu diǎn suǒ yǐ zài yuǎn gǔ shí dài jiù tóng
硬、轻便易取的优点，所以在远古时代就同
wǒ men de xiān mín jié xià bù jiě zhī yuán jiǎ gǔ wén zhōng de
我们的先民结下不解之缘。甲骨文中的
zhú zì zhèng shì duì zhú zi de xiàng xíng miáo huì gǔ rén zhuā zhù
“竹”字正是对竹子的象形描绘：古人抓住
zhú yè xià chuí de tè diǎn yòng dào lì bìng xiāng lián de xíng
竹叶下垂的特点，用倒立并相连的“艸”形
jiāng zhú zì yǔ cǎo lín děng zì qū bié kāi dào jīn wén
将“竹”字与“草、林”等字区别开。到金文，
dào lì bìng xiāng lián de xíng bèi duàn kāi dàn gèng jù zhú gān
倒立并相连的“艸”形被断开，但更具竹竿
tǐng lì zhú yè xià chuí de xíng xiàng tè diǎn xiǎo zhuàn yuán cǐ jiāng
挺立、竹叶下垂的形象特点。小篆缘此将
zhú zì xiàn tiáo huà dào lì shū zhú zì wán chéng fú hào
“竹”字线条化。到隶书，“竹”字完成符号
huà yǎn biàn biàn de gèng jiā gōng zhěng dàn réng néng kàn chū yì xiē
化演变，变得更加工整，但仍能看出一些
zhú zi de yǐng zi jiǎn tǐ zì zhú jí chéng xí lì shū ér
竹子的影子。简体字“竹”即承袭隶书而
lái zài hàn zì zhōng zhú hái shi gè bù shǒu zì fán shì yǒu
来。在汉字中，“竹”还是个部首字，凡是有
zhú zì tóu de zì rú bǐ jiàn xiāo dí děng dà dōu
“竹”字头的字，如“笔、箭、箫、笛”等，大都
yǔ zhú yǒu guān
与竹有关。

zhú zì de yǎn biàn

【“竹”字的演变】

甲骨文　金文　小篆　隶书　简体字

yīng yǔ yì diǎn tōng
【英语一点通】

“竹”的英文是 bamboo。与 bamboo 读音相似的还有一个词 taboo，指“禁忌、忌讳、戒律”等。在英文中，含有“oo”的单词还有 book（书）、blood（血）、food（食物）、foot（脚）、room（房间）、zoo（动物园）等，小朋友要注意区别。

xiǎo péng you tīng gù shi
【小朋友听故事】

wǒ guó qīng dài zhù míng huà jiā zhèng bǎn qiáo shàn yú huà zhú dàn
我国清代著名画家郑板桥善于画竹，但
tā wéi rén gū ào jí è rú chóu yǒu yí cì yí gè fù jiā gōng
他为人孤傲、疾恶如仇。有一次，一个富家公
zǐ xiàng tā qiú huà yù zhú tā lüè jiā chén sī què huī háo huà chū
子向他求画“郁竹”，他略加沉思，却挥毫画出
le yì pái zhū tóu gèng qí guài de shì zhè xiē zhū tóu shàng chú le
了一排猪头。更奇怪的是，这些猪头上除了
ěr duo shén me dōu méi yǒu fù jiā gōng zǐ bù jiě qí yì yǒu rén
耳朵什么都没有。富家公子不解其意，有人
xiào dào yù zhú èr zì chāi kāi jiù shì gè gè yǒu ěr xiān
笑道：“‘郁竹’二字拆开就是‘个个有耳’，先
sheng huà de zhè xiē zhū tóu kě shì měi tóu dōu yǒu ěr duo ya fù jiā
生画的这些猪头可是每头都有耳朵呀！”富家
gōng zǐ sì dǒng fēi dǒng zì yǔ dào ò yuán lái yù zhú hé
公子似懂非懂，自语道：“哦，原来‘郁竹’和
zhū tóu hái yǒu zhè yàng de guān xì a
猪头还有这样的关系啊！”

桑

早在六千多年前，我们的祖先就知道用桑叶来养蚕。采桑、养蚕、纺织在传统中国社会的生产、生活中占有重要地位，而汉字“桑”的创造和演变就反映了蚕桑业与人们生活的紧密关系。甲骨文、金文中，“桑”是一个象形字，字的下面是树的样子，上面的枝杈和小点代表的是桑叶，整个字形描画了桑树枝叶繁茂的景象。到小篆，“桑”字上面代表树叶的部分被表示“手”的“又”所取代，“又”与“木”便会意为许多人采摘的东西，即桑叶。隶书“桑”的字形由小篆而来，变化不大，而这一字形在简体字中也得以保留。

sāng zì de yǎn biàn

【“桑”字的演变】

甲骨文　金文　小篆　隶书　简体字

yīng yǔ yì diǎn tōng

【英语一点通】

“桑”的英文是 mulberry，意思是“桑树”或“桑葚”。和 mulberry 的音、形相似的还有一个词 strawberry，意思是“草莓”。这两个单词都有一个共同的部分 berry，是“浆果”的意思。在表示“草莓”的单词 strawberry 中，straw 的意思是“稻草、麦秆”。

kě ài de zǔ guó

【可爱的祖国】

wǒ guó shì shì jiè shàng zhòng sāng yǎng cán zuì zǎo de guó jiā，sāng shù de péi yù yǐ yǒu jìn qī qiān nián de lì shǐ。zài shāng dài，jiǎ gǔ wén zhōng yǐ chū xiàn “sāng、cán、sī、bó” děng zì xíng。dào le zhōu dài，cǎi sāng yǎng cán yǐ shì cháng jiàn nóng huó。chūn qiū zhàn guó shí qī，sāng shù yǐ chéng piàn zāi zhí。wǒ guó shì shì jiè shàng sāng shù zhǒng lèi zuì duō de guó jiā。

我国是世界上种桑养蚕最早的国家，桑树的培育已有近七千年的历史。在商代，甲骨文中已出现“桑、蚕、丝、帛”等字形。到了周代，采桑养蚕已是常见农活。春秋战国时期，桑树已成片栽植。我国是世界上桑树种类最多的国家。

禾

shàng gǔ shí dài wǒ men de zǔ xiān zhǔ yào yǐ xiǎo mǐ yě
上古时代，我们的祖先主要以小米，也
jiù shì gǔ zi wéi shí gǔ zi yì bān èr yuè bō zhǒng bā yuè
就是谷子为食。谷子一般二月播种，八月
chéng shú shì rén men de zhǔ yào liáng shi zuò wù yīn wèi gǔ zi
成熟，是人们的主要粮食作物。因为谷子
zài rén men de shēng huó zhōng bù kě quē shǎo yuǎn gǔ de xiān mín zài
在人们的生活中不可缺少，远古的先民在
wén zì zhōng yě jiù yǒu duì gǔ zi de jì lù gēn jù gǔ zi de
文字中也就有对谷子的记录。根据谷子的
xíng zhuàng tè zhēng tā men chuàng zào le hé zì jiǎ gǔ wén
形状特征，他们创造了“禾”字。甲骨文
hé jīn wén zhōng hé jiù xiàng shì yì zhū chéng shú de gǔ zi
和金文中，“禾”就像是一株成熟的谷子，
yǒu gēn yǒu yè dǐng bù hái yǒu yí gè chuí xiàng yì biān de gǔ suì
有根有叶，顶部还有一个垂向一边的谷穗。
dào xiǎo zhuàn hé zì xiàn tiáo huà zhǐ yǒu shàng bù zhé xiàng yí
到小篆，“禾”字线条化，只有上部折向一
cè de bǐ huà hái yī xī bǎo liú zhe gǔ suì de xíng xiàng cóng lì
侧的笔画还依稀保留着谷穗的形象。从隶
shū kāi shǐ hé zì yǐ jīng wán quán fú hào huà jiǎn tǐ zì bǎo
书开始，“禾”字已经完全符号化；简体字保
liú le xiǎo zhuàn de zì xíng xiě zuò hé zài hàn zì zhōng
留了小篆的字形，写作“禾”。在汉字中，
hé hái bèi yòng zuò bù shǒu rú jì yāng jià xiù
“禾”还被用作部首，如“季、秧、稼、秀、
qiū děng zì tā men de hán yì dà dōu yǔ hé huò zhě nóng zuò
秋”等字，它们的含义大都与禾或者农作
wù yǒu guān
物有关。

hé zì de yǎn biàn

【“禾”字的演变】

甲骨文	金文	小篆	隶书	简体字
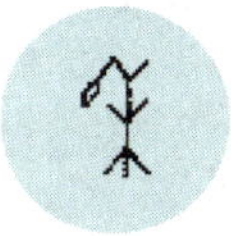	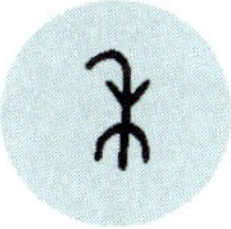	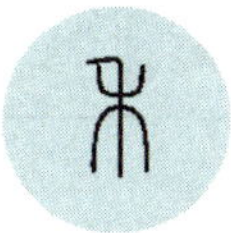	禾	禾

yīng yǔ yì diǎn tōng

【英语一点通】

“禾”的英文是 standing grain，其中 standing 的意思是“直立的、站着的”，grain 的意思是“谷粒、谷物、谷类”。另外，standing 的动词原形是 stand，即“站立”；而 grain 中还包含着一个词 rain，指“雨、下雨”。小朋友可以这样来记单词：有了“雨”rain，“谷物”grain 才会长得更好。

xiǎo péng you bèi shī cí

【小朋友背诗词】

shāng tián jiā

伤田家

táng niè yí zhōng

〔唐〕聂夷中

èr yuè mài xīn sī wǔ yuè tiào xīn gǔ

二月卖新丝，五月粜新谷。

yī dé yǎn qián chuāng wān què xīn tóu ròu

医得眼前疮，剜却心头肉。

wǒ yuàn jūn wáng xīn huà zuò guāng míng zhú

我愿君王心，化作光明烛。

bú zhào qǐ luó yán zhǐ zhào táo wáng wū

不照绮罗筵，只照逃亡屋。

（**注释** 粜：出卖谷物。眼前疮：指眼前的困难。剜却：挖掉。心头肉：喻指赖以生存的劳动果实。绮罗：此指穿绫罗绸缎的人。筵：筵席。逃亡屋：逃亡在外的贫苦农民留下的空屋。）

黍

xiǎo péng you zài mā ma zuò xiǎo mǐ zhōu shí huò xǔ jiàn guo xiǎo
小朋友在妈妈做小米粥时或许见过小
mǐ dàn yǒu yì zhǒng mǐ bǐ xiǎo mǐ kē lì lüè dà lüè yuán chéng
米，但有一种米比小米颗粒略大略圆，呈
jīn huáng sè nǐ jiàn guo ma zhè zhǒng mǐ jiào zuò huáng mǐ
金黄色，你见过吗？这种米叫作“黄米”，
tā shì shǔ zi qù pí hòu de zhì chéng pǐn jì kě zuò wéi shí wù
它是黍子去皮后的制成品，既可作为食物，
yě kě yǐ yòng lái niàng jiǔ zài shàng gǔ shí dài shǔ mǐ shì zhǐ
也可以用来酿酒。在上古时代，黍米是只
yǒu guì zú cái kě yǐ shí cháng xiǎng yòng de yì zhǒng liáng shi zuò wù
有贵族才可以时常享用的一种粮食作物。
jiǎ gǔ wén zhōng shǔ zì yóu liǎng bù fen zǔ chéng zuǒ biān shì
甲骨文中，“黍”字由两部分组成：左边是
shuǐ biǎo shì zhè zhǒng zuò wù kě yǐ niàng jiǔ yòu biān shì shǔ
“水”，表示这种作物可以酿酒；右边是黍
hé de xiàng xíng yǒu jīng yǒu gēn dǐng bù hái yǒu liǎng gè xiāng lián de
禾的象形，有茎有根，顶部还有两个相连的
xiǎo zì xíng fú hào biǎo shì shǔ suì fēn chà xié chuí jīn wén
“小”字形符号，表示黍穗分岔斜垂。金文
zhōng shuǐ de zì xíng bèi fàng dà qiáng diào le shǔ kě yǐ
中，“水”的字形被放大，强调了“黍”可以
rù shuǐ niàng jiǔ de tè xìng dào xiǎo zhuàn shǔ de zǔ zì
入“水”酿酒的特性。到小篆，“黍”的组字
bù jiàn de wèi zhì fā shēng gǎi biàn shuǐ bèi fàng zài le xià miàn
部件的位置发生改变，“水”被放在了下面。
lì shū de shǔ zì yuán cǐ ér lái zì xíng yě qū yú wěn dìng yì
隶书的“黍”字缘此而来，字形也趋于稳定，一
zhí dào jiǎn tǐ zì zài wèi fā shēng dà de yǎn biàn
直到简体字，再未发生大的演变。

shǔ zì de yǎn biàn

【“黍”字的演变】

甲骨文　金文　小篆　隶书　简体字

yīng yǔ yì diǎn tōng

【英语一点通】

“黍”的英文是 millet，表示“稷、粟、黍的籽实”，也就是“小米”或“粟米”等。既然黍米是“黄米”，又可以酿酒，所以用它酿成的酒就叫“黄酒”。“黄酒”译成英语就是 the yellow millet wine，意即“黄色的粟米酒”，其中 yellow 的意思是“黄色的”，而 wine 的意思是“酒”。

kē pǔ xiǎo zhī shi

【科普小知识】

shǔ lèi shǔ yú hé běn kē shì yí lèi zhǒng zi xíng de sì liào zuò
黍类属于禾本科，是一类种子形的饲料作
wù hé gǔ wù yà zhōu fēi zhōu zǎo zài duō nián qián jiù yǐ yǒu
物和谷物。亚洲、非洲早在 4000 多年前就已有
shǔ lèi zāi péi shǔ lèi zài é luó sī xī fēi hé yà zhōu hěn duō dì qū
黍类栽培。黍类在俄罗斯、西非和亚洲很多地区
shì zhòng yào de liáng shi zuò wù ér zài měi guó hé xī ōu zhǔ yào zuò wéi
是重要的粮食作物，而在美国和西欧主要作为
mù cǎo huò yòng lái zhì chéng gān cǎo shǔ lèi yǒu hěn duō zhǒng rú zhēn
牧草或用来制成干草。黍类有很多种，如珍
zhū shǔ sào zhou shǔ gǔ zi zhǐ shǔ děng shǔ lèi wèi nóng zhǔ yào
珠黍、扫帚黍、谷子、指黍等。黍类味浓，主要
yòng lái zuò xiǎo miàn bāo gān huò zhě zhōu fàn shǔ lèi zhǔ yào shēng chǎn
用来做小面包干或者粥、饭。黍类主要生产
guó shì yìn dù zhōng guó ní rì lì yà hé é luó sī děng
国是印度、中国、尼日利亚和俄罗斯等。

米

yuǎn gǔ shí qī rén men zhǔ yào yǐ gǔ lèi zuò wù wéi shí
远古时期，人们主要以谷类作物为食。
suī rán gǔ lèi zuò wù pǐn zhǒng fán duō dàn shì tā men qù pí tuō ké
虽然谷类作物品种繁多，但是它们去皮脱壳
hòu què yǒu yí gè zǒng chēng mǐ gǔ rén zài zào mǐ zì
后却有一个总称“米”。古人在造“米”字
shí zhuā zhù le gǔ lèi zuò wù dōu chéng kē lì zhuàng de tè diǎn
时，抓住了谷类作物都呈颗粒状的特点，
zhǐ yòng jǐ gè xiǎo diǎn jiù zuò dào le duì mǐ de xiàng xíng miáo huà
只用几个小点就做到了对米的象形描画。
jiǎ gǔ wén zhōng mǐ zì yòng yì héng gé kāi shàng xià liù gè xiǎo
甲骨文中，“米”字用一横隔开上下六个小
diǎn biǎo shì yù zhǐ mǐ lì yǔ gǔ ké de tuō lí shuō míng mǐ
点表示，喻指米粒与谷壳的脱离，说明“米”
jiù shì gǔ wù tuō ké hòu de kē lì zhuàng dōng xi dào xiǎo zhuàn
就是谷物脱壳后的颗粒状东西。到小篆，
mǐ de zhōng jiān liǎng diǎn biàn wéi yí shù jiàn jiàn shī qù xiàng xíng
“米”的中间两点变为一竖，渐渐失去象形
tè diǎn qí hòu gè zì tǐ yuán cǐ xiě chéng yán yòng zhì jīn de
特点。其后，各字体缘此写成沿用至今的
zì xíng mǐ zài mǐ zì de yǎn biàn zhōng qí zì yì dé
字形“米”。在“米”字的演变中，其字义得
dào kuò zhǎn yě cháng bèi yòng lái zhǐ chēng yì xiē kē lì zhuàng shí
到扩展，也常被用来指称一些颗粒状食
wù rú huā shēng mǐ xiā mǐ děng lìng wài mǐ hái bèi
物，如“花生米、虾米”等。另外，“米”还被
yòng zuò bù shǒu yì xiē yǔ mǐ huò liáng shi yǒu guān de zì rú
用作部首，一些与米或粮食有关的字，如
mí gāo liáng fěn děng zhōng dōu yǒu tā de shēn yǐng
“糜、糕、粮、粉”等中都有它的身影。

mǐ zì de yǎn biàn
【“米”字的演变】

甲骨文 小篆 隶书 简体字

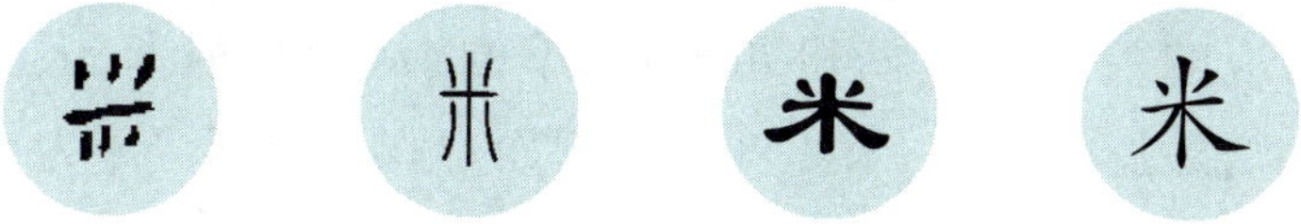

yīng yǔ yì diǎn tōng
【英语一点通】

和“米”对应的英文有 rice 和 meter。单词 rice 指“稻米、大米”，而 meter 则是长度单位“米、公尺”。例如，“10 米跳台”译为 10-meter platform，其中 platform 的意思是“平台”。另外，“大米”的英文 rice 竟然和“老鼠”的英文 mice 很像，难怪歌里都唱老鼠爱大米！

kě ài de zǔ guó
【可爱的祖国】

yuán lóng píng jiāng xī dé ān rén zhōng guó zá jiāo shuǐ dào
袁隆平，江西德安人，中国杂交水稻
yù zhǒng zhuān jiā gòng hé guó xūn zhāng huò dé zhě zhōng guó
育种专家，“共和国勋章”获得者，中国
gōng chéng yuàn yuàn shì zuò wéi zhōng guó zá jiāo shuǐ dào yán jiū
工程院院士。作为中国杂交水稻研究
de kāi chuàng zhě tā bèi yù wéi zá jiāo shuǐ dào zhī fù dāng
的开创者，他被誉为“杂交水稻之父”“当
dài shén nóng shì cóng tián yě zǒu xiàng shì jiè de kē xué jiā
代神农氏”“从田野走向世界的科学家”
děng tā de zá jiāo shuǐ dào yǐ bèi duō gè guó jiā hé dì qū suǒ
等。他的杂交水稻已被多个国家和地区所
yǐn jìn wèi jiě jué quán qiú wēn bǎo wèn tí zuò chū le bù kě gū
引进，为解决全球温饱问题作出了不可估
liang de gòng xiàn
量的贡献。

麦

mài shì mài lèi zuò wù de zǒng chēng bāo kuò xiǎo mài dà
“麦”是麦类作物的总称，包括小麦、大
mài yóu mài qīng kē děng shì wǒ guó běi fāng zhòng yào de nóng zuò
麦、莜麦、青稞等，是我国北方重要的农作
wù yòu yīn wèi xiǎo mài zuì wéi pǔ tōng qiě bō zhòng miàn jī guǎng
物。又因为小麦最为普通且播种面积广
kuò suǒ yǐ mài yě chéng le xiǎo mài de zhuān chēng zài jiǎ gǔ
阔，所以“麦”也成了小麦的专称。在甲骨
wén zhōng mài zì de shàng bàn bù fen shì gè dà mài de xiàng
文中，“麦”字的上半部分是个“大麦”的象
xíng zì lái xià bàn bù fen shì yí gè dào huà de jiǎo zhǐ liǎng
形字“来”，下半部分是一个倒画的脚趾，两
xíng huì yì biǎo shì mài shì yì zhǒng jǐn gēn dà mài chéng shú de
形会意，表示“麦”是一种紧跟大麦成熟的
nóng zuò wù yě jiù shì xiǎo mài jīn wén yán xí jiǎ gǔ wén zì
农作物，也就是小麦。金文沿袭甲骨文字
xíng méi yǒu tài dà biàn huà dào xiǎo zhuàn mài de zì xíng hái
形，没有太大变化。到小篆，“麦”的字形还
bǎo liú zhe huì yì de tè diǎn dào lì shū zì de xià bàn bù fen
保留着会意的特点。到隶书，字的下半部分
yǎn biàn wéi xī yú shì fán tǐ zì mài chū xiàn gāi zì
演变为“夕”，于是，繁体字“麥”出现。该字
xíng bèi gè zì tǐ yán yòng yì zhí dào hàn zì jiǎn huà shí wéi mài
形被各字体沿用，一直到汉字简化时为“麦”
suǒ qǔ dài
所取代。

mài zì de yǎn biàn

【“麦”字的演变】

甲骨文 金文 小篆 隶书 简体字

yīng yǔ yì diǎn tōng

【英语一点通】

“麦”的英文是 wheat，意即“小麦”。例如，“The farmer grows a lot of wheat.”即指“这位农民种了许多小麦”，其中 farmer 指“农民”，grow 则指“种植”。另外，wheat 中还含有 he（他）、eat（吃）和 heat（热）等词，小朋友可以用“他在吃热乎乎的小麦”来记忆 he、eat、heat 和 wheat。

xiǎo péng you bèi shī cí

【小朋友背诗词】

dà mài xíng

大麦行

táng dù fǔ

〔唐〕杜甫

dà mài gān kū xiǎo mài huáng fù nǚ xíng qì fū zǒu cáng
大麦干枯小麦黄，妇女行泣夫走藏。
dōng zhì jí bì xī liáng yáng wèn shuí yāo lián hú yǔ qiāng
东至集壁西梁洋，问谁腰镰胡与羌。
qǐ wú shǔ bīng sān qiān rén bù lǐng xīn kǔ jiāng shān cháng
岂无蜀兵三千人，部领辛苦江山长。
ān dé rú niǎo yǒu yǔ chì tuō shēn bái yún huán gù xiāng
安得如鸟有羽翅，托身白云还故乡。

（**注释** 走藏：逃跑躲避。集、壁、梁、洋：为唐代四个州名，以此形容范围之广。腰镰：腰间插着镰刀，指收割。部领辛苦江山长：因道路悠长，官兵疲于奔命，所以不能及时前来救护。安得：如何得以。托身：寄身，安身。）

瓜

当夏季到来，由于气温高，人体丢失的水分要比其他季节多很多，所以我们必须给自己及时补充水分。而夏季正是瓜类上市的旺季，这些瓜类的含水量都在90%以上。因此，小朋友要多吃一些营养丰富的冬瓜、西瓜、黄瓜、南瓜、丝瓜、甜瓜等瓜类，这样才能满足肌体正常新陈代谢的需要。我们的祖先对瓜果的食用由来已久，很早就造出了汉字“瓜”。金文中的“瓜”是一个象形字，画的就是藤蔓上结了瓜果的图形。到小篆，“瓜”字趋向线条化，但仍有瓜的样子。从隶书开始，“瓜”字已看不出原来的形象。在汉字中，以“瓜”为部首的字，如“瓤、瓢、瓠、瓞”等，它们大都与瓜果有关。

guā zì de yǎn biàn
【"瓜"字的演变】

金文　　小篆　　隶书　　简体字

yīng yǔ yì diǎn tōng

【英语一点通】

“瓜”的英文是 melon，指“瓜、甜瓜”。例如，英文“Would you like some melon?”的意思就是“你要吃点瓜吗?”。小朋友，如果“水”的英文单词 water 和“瓜”的英文单词 melon 放在一起，组成一个单词 watermelon，你知道是什么意思吗？它可不是什么“水瓜”，而是“西瓜”。

cí yǔ jù bǎo pén

【词语聚宝盆】

guā tián lǐ xià shì shuō zài guā tián lǐ lǐ shù xià jí
“瓜田李下”是说在瓜田里、李树下，即
shǐ bù zhāi guā guǒ yě huì bèi rén huái yí zhè ge chéng yǔ yòng
使不摘瓜果，也会被人怀疑。这个成语用
lái bǐ yù róng yì yǐn qǐ xián yí de chǎng hé yóu cǐ yǎn shēng
来比喻容易引起嫌疑的场合。由此衍生
chū lìng wài yí gè chéng yǔ guā lǐ zhī xián yòng lái bǐ yù chǔ
出另外一个成语“瓜李之嫌”，用来比喻处
yú xián yí de jìng dì lì rú zhǐ yào zì jǐ wèn xīn wú kuì
于嫌疑的境地。例如：只要自己问心无愧，
jiù shì zài guā tián lǐ xià yě bú huì zhāo zhì guā lǐ zhī xián méi
就是在瓜田李下，也不会招致瓜李之嫌，没
yǒu shén me kě dān xīn de
有什么可担心的。

稷

作为供古人食用的谷物的一种，“稷”在古代与人们的生活密切相关。它甚至被我们的祖先奉为五谷之长，敬为谷神，与土神“社”一起组成“社稷”一词，成为国家的代称。在甲骨文中，“稷”是一个与“禾”相关的左右结构的会意字，整个字形表示一个人在侍弄禾谷。金文中，“稷”的字形发生很大变化。到小篆，“稷”已演变为意从“禾”、音从“畟”的形声字。隶书承袭小篆，“稷”的字形基本固定下来。因为“稷”是五谷之长，所以我国西周时曾将主管农事的官称为“后稷”。另外，神话传说中，我国上古时期还有一位领导人们进行农业生产的人物，他的名字也叫作“后稷”。

jì zì de yǎn biàn
【“稷”字的演变】

甲骨文　金文　小篆　隶书　简体字

yīng yǔ yì diǎn tōng
【英语一点通】

“稷”的英文是 millet，表示“稷、粟、黍的籽实”，也就是“小米”或“粟米”等。例如，“小米粥”即为 millet congee，其中 congee 意即“粥”。另外，millet 中还含有单词 mill 和 let，mill 指“磨坊”，而 let 的意思则是“让、使”。小朋友可以用“让磨坊来磨粟米”来记 let、mill 和 millet。

kě ài de zǔ guó
【可爱的祖国】

hòu jì shì wǒ guó de nóng gēng shǐ zǔ， tā jiāo mín jià sè、
后稷是我国的农耕始祖，他教民稼穑、
shù yì wǔ gǔ， duì zhōng guó gǔ dài shè huì、 jīng jì、 wén huà de
树艺五谷，对中国古代社会、经济、文化的
fā zhǎn yǒu zhe shēn yuǎn yǐng xiǎng。 rú jīn， shǎn xī shěng yáng
发展有着深远影响。如今，陕西省杨
líng qū jiàn yǒu “hòu jì jiāo jià yuán”， zǒng miàn jī 12000 píng
凌区建有“后稷教稼园”，总面积 12000 平
fāng mǐ， zāi zhòng yǒu 50 duō zhǒng huā huì miáo mù， yuán nèi hái
方米，栽种有 50 多种花卉苗木，园内还
shè yǒu nóng yè kē jì shǐ zhǎn lǎn guǎn， hòu jì de diāo xiàng yě
设有农业科技史展览馆，后稷的雕像也
chù lì zài zhè lǐ。
矗立在这里。

葵

“高高个儿一身青，金黄圆脸喜盈盈，天天对着太阳笑，结的果实数不清。”这个谜语的谜底是“向日葵”，小朋友猜出来了吗？向日葵在我们的生活中很常见，可它最初并非我国土生土长的植物，它大约是在明朝时期才被引入我国。但是，汉字中的“葵”出现得很早，它的本义是指古代人们经常食用的一种蔬菜，即葵菜。甲骨文、金文中，“葵”就是葵菜花盘的象形。到小篆，为与表示古代兵器的“癸”字相区别，古人在金文“葵”的字形上增加了“艸”字头，表示“葵”属草木，于是，“葵”演变为形声字。隶书中，“葵”字完全符号化，之后各字体都沿用隶书的字形，没有太大变化。

kuí zì de yǎn biàn
【“葵”字的演变】

甲骨文　金文　小篆　隶书　简体字

yīng yǔ yì diǎn tōng
【英语一点通】

“向日葵”的英文是 sunflower。sunflower 由两个单词 sun 和 flower 组成，sun 的意思是“太阳”，flower 的意思是“花”，它们合起来就成了“太阳花”，也就是“向日葵”了。另外，“花”的单词 flower 和表示“面粉”的单词 flour 读音一样，小朋友要注意区别哟！

xiǎo péng you bèi shī cí
【小朋友背诗词】

hàn yuè fǔ · cháng gē xíng
汉乐府 · 长歌行

qīng qīng yuán zhōng kuí， zhāo lù dài rì xī
青青园中葵，朝露待日晞。
yáng chūn bù dé zé， wàn wù shēng guāng huī
阳春布德泽，万物生光辉。
cháng kǒng qiū jié zhì， kūn huáng huā yè shuāi
常恐秋节至，焜黄华叶衰。
bǎi chuān dōng dào hǎi， hé shí fù xī guī
百川东到海，何时复西归？
shào zhuàng bù nǔ lì， lǎo dà tú shāng bēi
少壮不努力，老大徒伤悲。

（**注释**　长歌行：汉乐府曲调名。葵：中国古代一种常见的蔬菜。晞：阳光的照耀。阳春：指阳光和露水充足的春天。布：散布，洒满。德泽：恩泽。秋节：指秋季。焜黄：形容草木凋落枯黄的样子。华：同“花”。百川：江河。徒：白白地。）

丝

xiǎo péng you rú guǒ nǐ zài chūn tiān yòng sāng yè yǎng guo cán de
小朋友，如果你在春天用桑叶养过蚕的
huà nǐ yí dìng zhī dào cán bǎo bao huì tǔ sī jié jiǎn ér zhè xiē
话，你一定知道蚕宝宝会吐丝结茧，而这些
cán jiǎn kě yǐ ná lái chōu sī zuò chéng gè zhǒng sī zhì pǐn qí
蚕茧可以拿来抽丝做成各种丝制品。其
shí wǒ guó jiù shì shì jiè shàng zuì zǎo fā míng sī zhì pǐn de guó
实，我国就是世界上最早发明丝制品的国
jiā jù shuō zǎo zài huáng dì shí qī rén men jiù yǐ jīng xué huì
家。据说，早在黄帝时期人们就已经学会
yǎng cán zhī sī le suǒ yǐ jiǎ gǔ wén zhōng yě chū xiàn le sī
养蚕织丝了，所以甲骨文中也出现了“丝”
zì xiǎo péng you nǐ zǐ xì kàn kan jiǎ gǔ wén zhōng de sī
字。小朋友，你仔细看看，甲骨文中的“丝”
zì xiàng bú xiàng shì liǎng shù kǔn zā qǐ lái de cán sī jīn wén hé
字像不像是两束捆扎起来的蚕丝？金文和
xiǎo zhuàn zhōng de sī zì chéng xí jiǎ gǔ wén ér lái zì xíng méi
小篆中的“丝”字承袭甲骨文而来，字形没
yǒu tài dà biàn huà dào lì shū shí sī zì kāi shǐ biàn de chōu
有太大变化。到隶书时，“丝”字开始变得抽
xiàng zài dào hàn zì jiǎn huà hòu sī zì jiù jī běn kàn bù
象。再到汉字简化后，“丝”字就基本看不
chū tā běn lái de xiàng xíng hén jì le lìng wài nǐ zhī dào ma
出它本来的象形痕迹了。另外，你知道吗？
zài gǔ dài sī hái kě yǐ yòng lái zhǐ dài qín sè pí pa
在古代，“丝”还可以用来指代琴、瑟、琵琶
děng xián yuè qì zhè shì yīn wèi zhè lèi yuè qì de xián shì yòng sī
等弦乐器，这是因为这类乐器的弦是用丝
zhì chéng de
制成的。

sī zì de yǎn biàn

【“丝”字的演变】

甲骨文	金文	小篆	隶书	简体字
	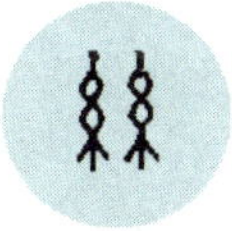			

yīng yǔ yì diǎn tōng

【英语一点通】

“丝”的英文是 silk。英文中还有个单词 milk，意思是牛奶，它的词形和读音与 silk 很接近，小朋友要注意区分。另外，silk 和 milk 分别可以和表示“路”的 road 和 way 进行组合搭配，如 the Silk Road 就是“丝绸之路”，the Milky Way 就是“银河”。小朋友知道什么是“丝绸之路”吗？

kě ài de zǔ guó

【可爱的祖国】

sī chóu zhī lù shì zhǐ wǒ guó xī hàn shí, yóu zhāng qiān
“丝 绸 之 路”是 指 我 国 西 汉 时，由 张 骞

chū shǐ xī yù suǒ kāi pì de yǐ cháng ān wéi qǐ diǎn, jīng gān
出 使 西 域 所 开 辟 的 以 长 安 为 起 点，经 甘

sù xīn jiāng, dào zhōng yà xī yà, bìng lián jiē dì zhōng hǎi
肃、新 疆，到 中 亚、西 亚，并 连 接 地 中 海

gè guó de lù shàng mào yì tōng dào. yīn wèi mào yì de huò wù
各 国 的 陆 上 贸 易 通 道。因 为 贸 易 的 货 物

zhōng yǐ zhōng guó de sī chóu zhì pǐn yǐng xiǎng zuì dà, suǒ yǐ zhè
中 以 中 国 的 丝 绸 制 品 影 响 最 大，所 以 这

tiáo tōng dào yě bèi chēng wéi sī chóu zhī lù
条 通 道 也 被 称 为“丝 绸 之 路”。

麻

早在母系氏族公社时期，我们的祖先就已经掌握了用麻的纤维进行纺织的技术，开始穿上人工织造的布帛类服饰。“麻”字的创造，正是对古人这段生活的真实记录。金文中，“麻”字上面的部分是“厂”，表示山崖或房屋的意思，下面是剥制的麻皮的象形，两形会意，指在屋子里将麻劈开进行剥制。到小篆，“厂”演变为“广”，仍然表示房屋的意思，“麻”字的下半部分依旧是剥制的麻皮的象形。隶书缘此写作“**麻**”，其后字形未再改变，但是它的字义、词性得到很大扩展，如称纷繁杂乱为“麻乱”，称迅速敏捷为“麻利”，称让人暂时丧失知觉为“麻醉”等。

má zì de yǎn biàn
【“麻”字的演变】

金文 小篆 隶书 简体字

yīng yǔ yì diǎn tōng
【英语一点通】

“麻”的英文是 hemp，指“大麻、粗麻”。用粗麻做成的“麻绳”在英语中就是 hemp rope。小朋友要注意，hemp 和表示“帮助”的 help 很像，表示“绳子”的 rope 和表示“希望”的 hope 也很像，小朋友千万别把这两对单词搞混了。

xiǎo péng you cāi mí yǔ
【小朋友猜谜语】

xiǎo shí qīng qīng dì lǐ zhǎng lǎo shí fā huáng shuǐ lǐ pào
小时青青地里长，老时发黄水里泡，
bō xià bái pí zuò yuán liào dǎ shéng zuò xié shǎo bù liǎo
剥下白皮做原料，打绳做鞋少不了。

dǎ yì zhí wù
（打一植物）

mí dǐ má
（谜底：麻）

刍

chú de zuì chū hán yì wéi gē cǎo jiǎ gǔ wén zhōng
“刍”的最初含义为“割草”。甲骨文中，
chú zì bāo kuò duàn wéi liǎng jié de cǎo jí shǒu de xiàng xíng liǎng
“刍”字包括断为两截的草及手的象形两
zhǒng tú xíng liǎng xíng huì yì biǎo shì yòng shǒu gē cǎo jīn wén
种图形，两形会意，表示用手割草。金文
de zì xíng méi yǒu tài dà biàn huà dàn dào xiǎo zhuàn chú de zì
的字形没有太大变化，但到小篆，“刍”的字
xíng biàn de fù zá yuán lái de shǒu xíng bèi gē liè chéng le shàng
形变得复杂，原来的手形被割裂，成了上
xià liǎng gè bāo róng de fú hào lì shū yuán cǐ duì zì xíng jìn xíng
下两个包容的符号。隶书缘此对字形进行
měi huà xiě zuò chú gāi zì xíng zhí dào hàn zì jiǎn huà shí cái
美化，写作“芻”，该字形直到汉字简化时，才
yǎn biàn wéi chú yīn wèi chú zì yǔ cǎo yǒu guān suǒ yǐ hòu
演变为“刍”。因为“刍”字与草有关，所以后
lái yǎn shēng chū qiǎn lòu bǐ sú de hán yì yīn cǐ tā yě
来衍生出“浅陋、鄙俗”的含义，因此，它也
cháng bèi yòng lái zǔ chéng biǎo shì zì qiān de cí rú chú yì
常被用来组成表示自谦的词，如“刍议、刍
yǔ chú yán chú lùn jí zhǐ zì jǐ bù chéng shú huò qiǎn lòu de
语、刍言、刍论”即指自己不成熟或浅陋的
yán tán yì lùn
言谈议论。

【“刍”字的演变】

甲骨文　　金文　　小篆　　隶书　　简体字

【英语一点通】

“刍”当作喂牲畜的草，即“草料、饲料”讲时，英文是 fodder。例如，a fodder for horses 即为“一种喂马的草料”。另外，英文中还有一个词 hay，意思是“干草”，也是用来喂牲畜的饲料。表示“干草”的 hay 可以和表示“付钱”的 pay 联系着来记忆，可以说：付钱买干草。

【科普小知识】

“反刍”是指反刍动物在进食一段时间以后，将半消化的食物重新返回嘴里再次咀嚼的现象。进行反刍的动物有牛、羊、鹿等，它们采食一般比较匆忙，特别是对粗饲料。这些饲料大部分未经充分咀嚼就被吞咽进入瘤胃，经过瘤胃浸泡和软化一段时间后，再经逆呕重新回到口腔，被再次咀嚼。这种反刍和咀嚼过程可以重复进行，直至动物将饲料彻底嚼碎。

苗

zhèng xiàng zhè shǒu ér gē xiǎo yòu miáo chàng de yáng guāng
正像这首儿歌《小幼苗》唱的“阳光
zhōng bǎo bao nǐ xiàng yòu miáo rú nèn miáo nán ràng nǐ zài fēng lǐ
中宝宝你像幼苗、如嫩苗，难让你在风里
yáo yǔ zhōng piāo yí yàng xiǎo péng you bù jǐn shì bà ba mā
摇、雨中飘”一样，小朋友不仅是爸爸、妈
ma de hǎo bǎo bao hái shi wǒ men zǔ guó de xiǎo yòu miáo jiāng lái
妈的好宝宝，还是我们祖国的小幼苗，将来
yí dìng huì zhǎng chéng guó jiā de dòng liáng wǒ men xiàn zài lái kàn
一定会长成国家的栋梁。我们现在来看
kan miáo zì jīn wén zhōng tā shì yóu xiǎo cǎo hé tián liǎng
看“苗”字，金文中，它是由小草和“田”两
gè tú xíng huì yì ér chéng biǎo shì tián dì lǐ zhǎng chū de zhí wù
个图形会意而成，表示田地里长出的植物
yòu miáo suǒ yǐ miáo de běn yì jiù shì zhǐ chū shēng de hái
幼苗。所以，“苗”的本义就是指初生的、还
wèi kāi huā tǔ suì de yòu xiǎo de zhuāng jia rú hé miáo dòu miáo
未开花吐穗的幼小的庄稼，如禾苗、豆苗、
mài miáo děng hòu lái yòu yóu yòu xiǎo zhī yì yǐn shēn wéi chū
麦苗等。后来，又由“幼小”之义引申为初
shēng de dòng wù rú yú miáo zhū miáo děng hái cóng chū shēng
生的动物，如鱼苗、猪苗等；还从“初生”
zhī yì yǐn shēn chū shì wù de kāi duān děng yì rú miáo tou
之义引申出“事物的开端”等义，如苗头
děng miáo de zì xíng zài xiǎo zhuàn shí hái néng kàn chū
等。“苗”的字形在小篆时还能看出
zì tóu de xiàng xíng de hén jì dàn lì shū zhī hòu
“艸”字头的象形的痕迹，但隶书之后，
miáo zì jiù wán quán fú hào huà le
“苗”字就完全符号化了。

miáo zì de yǎn biàn
【“苗”字的演变】

金文　　小篆　　隶书　　简体字

yīng yǔ yì diǎn tōng
【英语一点通】

“苗”的英文是 seedling，表示“刚出芽的幼苗”，可以指“秧苗”或“树苗”等。英文中还有一个词 sapling，专指“幼树”或“树苗”。另外，在 seedling 中，seed 的意思是“种子”；在 sapling 中，sap 的意思则是“树液、体液”，而 ling 的意思却是“鳕鱼”。

cí yǔ jù bǎo pén
【词语聚宝盆】

bá miáo zhù zhǎng de gù shi chū zì mèng zǐ gōng sūn
“拔苗助长”的故事出自《孟子·公孙
chǒu shàng shì shuō gǔ shí hou yǒu gè sòng guó rén xián zì jǐ
丑上》，是说古时候有个宋国人，嫌自己
de zhuāng jia zhǎng de màn jiù jiāng hé miáo yì kē kē bá gāo
的庄稼长得慢，就将禾苗一棵棵拔高，
shì tú bāng zhù zhuāng jia zhǎng gāo jié guǒ hé miáo quán dōu sǐ
试图帮助庄稼长高，结果禾苗全都死
diào le zhè ge chéng yǔ bǐ yù wéi fǎn shì wù fā zhǎn de kè
掉了。这个成语比喻违反事物发展的客
guān guī lǜ jí yú qiú chéng fǎn ér huài shì lì rú nà
观规律，急于求成，反而坏事。例如：那
zhǒng bú gù xué shēng néng fǒu jiē shòu de tián yā shì jiào xué fāng
种不顾学生能否接受的填鸭式教学方
fǎ wú yì yú bá miáo zhù zhǎng
法，无异于拔苗助长。

草

在我们的自然界中，植物一般分为草本和木本两大类。而“草”字的最初本义并不是用来指草本植物，而是专指木本的栎树的果实。那么“草”字是怎么演变来的呢？原来，在甲骨文中，“草”字写成“屮”或“艸”，是对野草的象形描绘。到金文时，“草”字的字形并没出现大的变化。但是，后来人们为了书写美观，也为了更好辨认，在小篆中就借用了指称栎树的果实的“草”字来代替指称草木的“艸”，于是，“草”字就成了现在专门用来表示茎秆不是木的草本植物的总称。而“草”字的最初字形“艸”则演化为汉字的一个部首“艹”，包含它的字一般都属于草本植物或与其有关，如“芹、茄、茎、菜、花”等。

cǎo zì de yǎn biàn
【“草”字的演变】

甲骨文 金文 小篆 隶书 简体字

yīng yǔ yì diǎn tōng
【英语一点通】

“草”的英文是grass。例如,小朋友经常见到的牌子“勿踏草地”,英文就是“Keep off the grass!”。另外,英文中还有几个词,如brass,指“黄铜、铜管乐器”;glass,指“玻璃、玻璃杯”;class,指“班级、等级”等。它们的字形、读音都很相似,小朋友要注意区别哟!

xiǎo péng you bèi shī cí
【小朋友背诗词】

fù dé gǔ yuán cǎo sòng bié
赋得古原草送别

táng bái jū yì
〔唐〕白居易

lí lí yuán shàng cǎo, yí suì yì kū róng
离离原上草,一岁一枯荣。
yě huǒ shāo bú jìn, chūn fēng chuī yòu shēng
野火烧不尽,春风吹又生。
yuǎn fāng qīn gǔ dào, qíng cuì jiē huāng chéng
远芳侵古道,晴翠接荒城。
yòu sòng wáng sūn qù, qī qī mǎn bié qíng
又送王孙去,萋萋满别情。

(**注释** 赋得:借古人诗句或成语命题作诗,诗题前一般都冠以“赋得”二字。离离:形容野草茂盛的样子。枯:枯萎。荣:繁荣茂盛。远芳:草香远播。侵:侵占,覆盖。晴翠:草原明丽翠绿。荒城:荒凉、破损的城镇。王孙:本指贵族子孙、公子,这里指作者的朋友。萋萋:野草连绵、茂密的样子。)

豆

小朋友都知道，作为蔬菜，大豆、豌豆、蚕豆、青豆等豆类既好吃又有营养，但是你听说过有一种豆不能吃吗？它就是“豆”字最初所代表的东西。原来，豆的本义是指一种盛放食物的器皿，形状就像高脚盘。甲骨文中的“豆”字，画的就是一只高脚盘的样子，上面的一横表示这个器皿里装有东西。金文中的“豆”字上面多出了一横，说明那时盛放食物的器皿有些已经配备了盖子。到小篆，为了简便，“豆”字中间表示食物的短横被去掉。隶书缘此写作“**豆**”。之后，“豆”字的写法基本就保持了这个样子。但是，从我国汉代开始，“豆”字已不再表示器物，而是专门用来指豆类植物了。

dòu zì de yǎn biàn

【“豆”字的演变】

甲骨文　　金文　　小篆　　隶书　　简体字

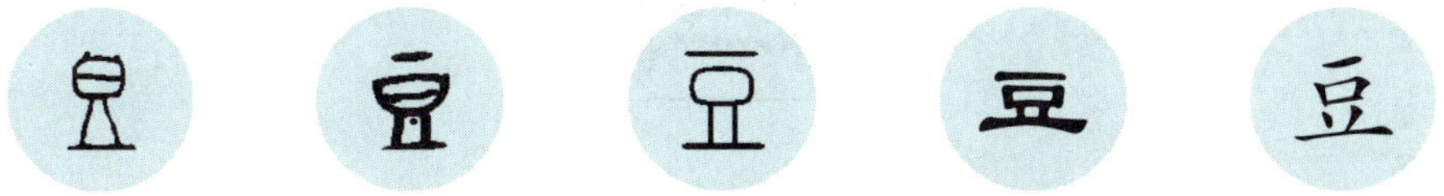

yīng yǔ yì diǎn tōng

【英语一点通】

“豆”的英文是 bean。英文中，bean 和 pea 都指“豆子”，但 bean 是豆类的总称，而 pea 专指豌豆。另外，bean curd 指“豆腐”，其中 curd 意即“凝乳”。而 pea 和 cock（公鸡）组成 peacock，则表示“孔雀”。想一想，孔雀的羽毛上是不是有许多像眼睛一样的“豆”点呢？

xiǎo péng you bèi shī cí

【小朋友背诗词】

guī yuán tián jū　qí sān

归园田居（其三）

jìn　táo yuān míng

〔晋〕陶渊明

zhòng dòu nán shān xià，cǎo shèng dòu miáo xī

种豆南山下，草盛豆苗稀。

chén xīng lǐ huāng huì，dài yuè hè chú guī

晨兴理荒秽，带月荷锄归。

dào xiá cǎo mù zhǎng，xī lù zhān wǒ yī

道狭草木长，夕露沾我衣。

yī zhān bù zú xī，dàn shǐ yuàn wú wéi

衣沾不足惜，但使愿无违。

（**注释**　南山：指庐山。兴：起床。荒秽：形容词作名词，指豆苗里的杂草。荷锄：扛着锄头。狭：狭窄。草木长：草木丛生。沾：沾湿。足：值得。但：只。愿：指向往田园生活的意愿。违：违背。）

圃

“圃”字最初的含义是指种植果木瓜菜的园地。在甲骨文中，“圃”为上下结构，上边的部分是两棵秧苗的象形，下边是一块田地，两形会意，表示“圃”这个园地是用来栽种果木瓜菜的。到金文，“圃”的字形有所简化，但又多了一个表示围墙的框，反映了园田开始成为私有财产，人们已筑起围栏对其进行划分并保护的社会变化。到小篆，“圃”演化为义从“口”、声从“甫”的形声字。隶书沿袭小篆的写法，字形更为成熟、美观。和“圃”组成的词语有不同含义，如“花圃”指种植花草的园地，“园圃”指栽种果蔬花木的场所，“苗圃”指培育花木或农作物幼苗的园地等。

pǔ zì de yǎn biàn
【"圃"字的演变】

甲骨文　金文　小篆　隶书　简体字

yīng yǔ yì diǎn tōng
【英语一点通】

“圃”的英文是 garden，表示“宅旁园圃、花园、果园、菜园”等。英文中还有一个词 orchard 也表示“圃”，一般用于指“围起来的果园”。在 orchard 中还含有两个单词：一个是 or，表示“或者”；另一个是 chard，意思是“甜菜”。小朋友可以用句子“或者在果园里种甜菜”来联想记忆 or、orchard 和 chard 这三个单词。

xiǎo péng you bèi shī cí
【小朋友背诗词】

guò gù rén zhuāng
过故人庄

táng mèng hào rán
〔唐〕孟浩然

gù rén jù jī shǔ, yāo wǒ zhì tián jiā.
故人具鸡黍，邀我至田家。

lǜ shù cūn biān hé, qīng shān guō wài xié.
绿树村边合，青山郭外斜。

kāi xuān miàn chǎng pǔ, bǎ jiǔ huà sāng má.
开轩面场圃，把酒话桑麻。

dài dào chóng yáng rì, huán lái jiù jú huā.
待到重阳日，还来就菊花。

（**注释**　过：拜访，探望。具：准备。合：环绕。轩：有窗户的长廊或小屋。场圃：指打谷场和菜园。桑麻：泛指庄稼。就：欣赏。）

囿

与“圃”的字形、字义接近，“囿”字是指古代帝王蓄养禽兽的用围墙圈起来的园林。“囿”的造字方式和“圃”一样，也是经历了一个由象形到形声的演变。甲骨文中的“囿”是一个象形字，描绘的是一个框起来的园地，里面种有花草、树木，表明“囿”的本义即指园林。到金文，“囿”字已演变为义从“口”、声从“有”的形声字；但从“有”的金文字形所会意的含义，即“用手持肉”来看，“囿”似也可以看作会意字，即表示“囿”是指帝王蓄养、猎取禽兽的园林。之后，“囿”的字体、字义都有变化，但都是在金文的基础上衍生的。隶书中，字形被固定为“囿”，并沿用至今。

yòu zì de yǎn biàn
【“囿”字的演变】

甲骨文　　金文　　小篆　　隶书　　简体字

yīng yǔ yì diǎn tōng
【英语一点通】

因为“囿”是指古代帝王狩猎、游乐的园林，所以在英文中它对应的单词是 menagerie，指“野生动物园”。而英文中要表示一般的动物园，即把动物圈养以供公众观看的场所时，则用单词 zoo。

kě ài de zǔ guó
【可爱的祖国】

běi hǎi gōng yuán wèi yú běi jīng de zhōng xīn dì qū shì shì jiè
北海公园位于北京的中心地区，是世界
xiàn cún jiàn yuán zuì zǎo de huáng jiā yuàn yòu yóu liáo dài chū jiàn lì
现存建园最早的皇家苑囿。由辽代初建，历
jīng jīn yuán míng qīng de zhú bù wán shàn xíng chéng jīn tiān de
经金、元、明、清的逐步完善，形成今天的
gé jú běi hǎi gōng yuán jì yǒu huáng jiā yuán lín de fù lì táng
格局。北海公园既有皇家园林的富丽堂
huáng yòu yǒu jiāng nán sī jiā yuán lín de gǔ pǔ zì rán yǐ jí sì
皇，又有江南私家园林的古朴自然以及寺
miào yuán lín de zhuāng yán sù mù kān chēng wǒ guó gǔ diǎn yuán lín
庙园林的庄严肃穆，堪称我国古典园林
de jīng pǐn yě shì rén lèi zuì zhēn guì de wén huà yí chǎn zhī yī
的精品，也是人类最珍贵的文化遗产之一。

龙

lóng shì zhōng huá mín zú de xiàng zhēng yě shì wǒ men zhōng
“龙”是中华民族的象征，也是我们中
guó rén xīn mù zhōng zuì wéi shén shèng de dòng wù shén dàn shì lóng
国人心目中最为神圣的动物神。但是，龙
bìng fēi shì shì jiè shàng zhēn shí cún zài de dòng wù tā zhǐ shì wǒ
并非是世界上真实存在的动物，它只是我
men de gǔ rén píng xiǎng xiàng xū gòu chū lái de yì zhǒng dòng wù
们的古人凭想象虚构出来的一种动物。
yīn cǐ lóng de shēn shàng jí zhōng le jiǔ zhǒng dòng wù de tè diǎn
因此，龙的身上集中了九种动物的特点，
bǐ rú tā yǒu lù jiǎo luò tuo tóu yú lín yīng zhǎo hǔ zhǎng
比如它有鹿角、骆驼头、鱼鳞、鹰爪、虎掌、
niú ěr shé de bó zi děng zài jiǎ gǔ wén zhōng lóng zì tǐ
牛耳、蛇的脖子等。在甲骨文中，“龙”字体
xiàn chū le mǎng shé de yì xiē xíng xiàng shé de xìn dú yá yǐ jí
现出了蟒蛇的一些形象：蛇的芯、毒牙以及
wān qū de shé shēn jīn wén zhōng lóng zì réng rán bǎo liú zhe
弯曲的蛇身。金文中，“龙”字仍然保留着
zuǐ ba dà zhāng shēn tǐ quán qū de shé xíng fā zhǎn dào xiǎo
嘴巴大张、身体蜷曲的蛇形。发展到小
zhuàn lóng zì bǐ huà biàn de fù zá dàn zì xíng yòu yǒu xióng
篆，“龙”字笔画变得复杂，但字形又有雄
hún de qì shì hé xié de měi gǎn hòu lái wèi le shū xiě fāng
浑的气势、和谐的美感。后来，为了书写方
biàn lóng zì jiǎn huà bìng yǎn biàn chéng xiàn zài de zì xíng zài
便，“龙”字简化并演变成现在的字形。在
fēng jiàn shè huì lóng shì dì wáng de xiàng zhēng
封建社会，“龙”是帝王的象征。

lóng zì de yǎn biàn

【“龙”字的演变】

甲骨文　　金文　　小篆　　隶书　　简体字

yīng yǔ yì diǎn tōng

【英语一点通】

“龙”的英文是 dragon。小朋友，“端午节”在我国有些地方也叫龙舟节。在英文中，“端午节”就是 Dragon Boat Festival，直译就是“龙舟节”。在 Dragon Boat Festival 中，boat 是“小船”的意思，festival 是“节日”的意思，比如“春节”就是 Spring Festival。

xiǎo péng you bèi shī cí

【小朋友背诗词】

yǒng lóng shī

咏龙诗

jīn　wán yán liàng

〔金〕完颜亮

jiāo lóng qián nì yǐn cāng bō，qiě yǔ há ma zuò hùn hé。

蛟龙潜匿隐苍波，且与虾蟆作混和。

děng dài yì zhāo tóu jiǎo jiù，hàn yáo pī lì zhèn shān hé。

等待一朝头角就，撼摇霹雳震山河。

（**注释**　蛟龙：指传说中能发水的一种龙，此处借指废帝完颜亮。潜匿：悄悄地隐藏。苍波：深水，喻指市井。虾蟆：喻指市井之人。头角就：喻指出头之日。霹雳：形容壮大的声威。）

凤

和“龙”一样，“凤”也不是真实存在的鸟，它只是人们想象中的一种神鸟。古人认为，“凤”代表着平安吉祥，它是百鸟之长，身覆五色羽毛，蛇颈鱼尾、龙纹龟背、燕颔鸡喙，具有数种飞禽以及动物的特征。事实上，“凤”的形象源自孔雀，在历史的演进中，孔雀由最初的部族图腾衍化为后世华夏民族的灵物崇拜。在甲骨文中，我们就可以看到，“凤”字其实是一只头长冠毛、身拖尾羽、羽有“睛目”的孔雀的象形。到金文，“凤”字沿袭甲骨文，“睛目”图纹更为明晰。但到小篆，“凤”字已渐离图画，而趋向线条化。汉字简化时，为了书写简洁，字形就演变、固定为“凤”。

fèng zì de yǎn biàn

【“凤”字的演变】

甲骨文　金文　小篆　隶书　简体字

yīng yǔ yì diǎn tōng

【英语一点通】

“凤”的英文是 phoenix，意思是“凤凰”或者“长生鸟”。英文中有个 phoenix 组成的词 phoenix tree，其中 tree 即“树木”，而 phoenix tree 直译就是“凤凰树”，也就是“梧桐树”的意思。因为在我们的传说中，凤凰可是非梧桐而不栖哟！

kě ài de zǔ guó

【可爱的祖国】

nián guō mò ruò chū bǎn shī jí nǚ shén chéng wéi
1921年，郭沫若出版诗集《女神》，成为
zhōng guó xiàn dài xīn shī de diàn jī zhī zuò fèng huáng niè pán
中国现代新诗的奠基之作。《凤凰涅槃》
shì nǚ shén zhōng de dài biǎo zuò shì yì shǒu wǔ sì shí
是《女神》中的代表作，是一首“五四”时
dài jīng shén de sòng gē shī rén yòng fèng huáng bǐ yù zǔ guó
代精神的颂歌。诗人用凤凰比喻祖国，
jiè zhù duì fèng huáng chuán shuō de gǎi zào yǔ xīn chǎn shù shī rén
借助对凤凰传说的改造与新阐述，诗人
zhèng zhòng xuān gào zhōng huá mín zú zài sǐ huī zhōng gēng shēng
郑重宣告中华民族在“死灰中更生”
de xīn shí dài yǐ jīng dào lái
的新时代已经到来。

燕

xiǎo yàn zi chuān huā yī nián nián chūn tiān lái zhè lǐ
“小燕子，穿花衣，年年春天来这里。”
xiǎo péng you xǐ huan zhè shǒu ér gē yě xǐ huan gē zhōng chàng de xiǎo
小朋友喜欢这首儿歌，也喜欢歌中唱的小
yàn zi ba xiǎo yàn zi shǒu shí chūn tiān de shí hou jiù huì fēi huí
燕子吧？小燕子守时，春天的时候就会飞回
běi fāng xiǎo yàn zi qín láo xián ní zhù cháo yòu zhuō hài chóng
北方；小燕子勤劳，衔泥筑巢又捉害虫。
yuǎn gǔ de xiān mín men liǎo jiě yàn zi de yōu diǎn yě tè bié xǐ huan
远古的先民们了解燕子的优点，也特别喜欢
yàn zi tā men zhuā zhù le yàn zi wěi sì jiǎn dāo shēn qū qīng yíng
燕子，他们抓住了燕子尾似剪刀、身躯轻盈
de tè diǎn zhǐ yòng jiǎn dān jǐ bǐ jiù gōu lè chū yàn zi de xíng
的特点，只用简单几笔就勾勒出燕子的形
xiàng chuàng zào le jiǎ gǔ wén zhōng de yàn zì jīn wén zhōng
象，创造了甲骨文中的“燕”字。金文中，
yàn zì réng xǔ xǔ rú shēng xiàng yàn zi zhǎn chì fēi xiáng yòu
“燕”字仍栩栩如生，像燕子展翅飞翔，又
xiàng tā kǒu xián liǔ zhī dào xiǎo zhuàn yàn zì bú zài jù yǒu
像它口衔柳枝。到小篆，“燕”字不再具有
xiàng xíng tè diǎn dàn yàn zi jiǎn dāo shì de wěi ba hái yī xī kě
象形特点，但燕子剪刀似的尾巴还依稀可
biàn fā zhǎn dào lì shū yàn zi de jiǎn wěi jiù bèi sì diǎn suǒ dài
辨。发展到隶书，燕子的剪尾就被四点所代
tì zhěng gè zì xíng yě fú hào huà wán quán tuō lí yàn zi de xíng
替，整个字形也符号化，完全脱离燕子的形
xiàng zhī hòu de zì tǐ dōu yī jù lì shū ér lái xiě chéng le
象。之后的字体都依据隶书而来，写成了
xiàn zài de yàn zì
现在的“燕”字。

yàn zì de yǎn biàn

【“燕”字的演变】

甲骨文	金文	小篆	隶书	简体字

yīng yǔ yì diǎn tōng
【英语一点通】

“燕”的英文是 swallow。在英文中，swallow 有不同用法：作名词时指“燕子”，如 swallow coat 即为“燕尾服”；作动词时指“吞、咽”，短语 swallow up 即指“吞下去”。汉语中，“燕”和“咽”读音相同，但词性、字义相去甚远，然而它们却有一个共同的英文 swallow，这是不是很有趣啊？

xiǎo péng you bèi shī cí
【小朋友背诗词】

wū yī xiàng
乌衣巷

táng liú yǔ xī
〔唐〕刘禹锡

zhū què qiáo biān yě cǎo huā wū yī xiàng kǒu xī yáng xié
朱雀桥边野草花，乌衣巷口夕阳斜。

jiù shí wáng xiè táng qián yàn fēi rù xún cháng bǎi xìng jiā
旧时王谢堂前燕，飞入寻常百姓家。

（**注释** 乌衣巷：在今南京市东南，文德桥南岸，三国东吴时的禁军驻地。朱雀桥：六朝时金陵正南朱雀门外横跨秦淮河的大桥，在今南京市秦淮区。旧时：指晋代。王谢：指东晋时贵族王导、谢安。寻常：平常。）

鸟

鸟类在远古先民的生活中占有重要地位，殷商的直系祖先就是被称为“鸟夷”的族人。他们猎鸟为生，并以鸟作为自己氏族的图腾。这种生活以及习俗反映在文化上，就是“鸟”字及众多以“鸟”为偏旁的文字的创造。甲骨文中，“鸟”字是一个小鸟的象形，头、尾、羽、足一应俱全，栩栩如生。金文沿袭了甲骨文的象形特点，没有多大改变。从小篆开始，“鸟”字走向线条化、符号化。到隶书，笔画更为简洁，整个字形已经完全脱离对鸟的象形描画。在汉字中，凡由“鸟”构成的字，基本都和鸟的含义或行为有关，如“鸽”表示鸟的一个种类，而“鸣”则指鸟的鸣叫。

niǎo zì de yǎn biàn
【“鸟”字的演变】

甲骨文 金文 小篆 隶书 简体字

yīng yǔ yì diǎn tōng
【英语一点通】

“鸟”的英文是 bird。例如，“Birds of a feather flock together.”直译就是“同一种羽毛的鸟总是往一块飞”，其寓意即为汉语中的成语“物以类聚”或“一丘之貉”。

kē pǔ xiǎo zhī shi
【科普小知识】

pǎo de zuì kuài de niǎo shì tuó niǎo , píng jūn shí sù néng dá 70 gōng lǐ ; yǔ máo zuì duō de niǎo shì tiān é , yǔ máo chāo guò 25000 gēn ; yǔ máo zuì shǎo de niǎo shì fēng niǎo , yǔ máo hái bù zú 1000 gēn ; xué huà zuì duō de niǎo shì fēi zhōu huī yīng wǔ , néng xué huì 800 duō gè dān cí ; chǎn luǎn zuì shǎo de niǎo shì xìn tiān wēng , cí niǎo měi nián zhǐ néng chǎn luǎn 1 méi ; ér chǎn luǎn zuì duō de niǎo shì huī shān chún , cí niǎo měi wō néng chǎn luǎn 15 dào 19 méi 。

跑得最快的鸟是鸵鸟，平均时速能达 70 公里；羽毛最多的鸟是天鹅，羽毛超过 25000 根；羽毛最少的鸟是蜂鸟，羽毛还不足 1000 根；学话最多的鸟是非洲灰鹦鹉，能学会 800 多个单词；产卵最少的鸟是信天翁，雌鸟每年只能产卵 1 枚；而产卵最多的鸟是灰山鹑，雌鸟每窝能产卵 15 到 19 枚。

雀

zài wǒ men de jū mín diǎn huò tián yě fù jìn xiǎo péng you jiàn
在我们的居民点或田野附近，小朋友见
dào de zuì duō de niǎo lèi yīng gāi shì má què má què gè tóu duǎn
到的最多的鸟类应该是麻雀。麻雀个头短
xiǎo bú nài yuǎn fēi dàn shēng xìng huó pō xǐ huan qún jū huì
小、不耐远飞，但生性活泼、喜欢群居。会
yì zì què jiù jí zhōng biǎo xiàn le má què de zhè xiē xí xìng
意字“雀”就集中表现了麻雀的这些习性。
jiǎ gǔ wén zhōng què jí zhǐ má què tā shì yóu yí gè niǎo xíng
甲骨文中，“雀”即指麻雀，它是由一个鸟形
shàng jiā sān diǎn gòu chéng sān diǎn biǎo shì xiǎo yě yǒu zhòng
上加三点构成：三点表示“小”，也有“众
duō de hán yì zhěng gè zì xíng huì yì wéi má què gè tóu duǎn
多”的含义，整个字形会意为麻雀个头短
xiǎo xǐ huan qún jū jīn wén shí què zì qū xiàng xiàn tiáo
小、喜欢群居。金文时，“雀”字趋向线条
huà sān gè xiǎo diǎn yǐ cū jù xiǎo de zì xíng dào xiǎo zhuàn
化，三个小点已粗具“小”的字形。到小篆，
què zì wán quán fú hào huà yóu xiǎo hé zhuī yì jí xiǎo
“雀”字完全符号化，由“小”和“隹”（意即小
niǎo zǔ chéng lì shū yuán cǐ ér lái xiě zuò què zhī
鸟）组成。隶书缘此而来，写作“雀”。之
hòu què de zì xíng dé yǐ què dìng bìng yán yòng zhì jīn
后，“雀”的字形得以确定，并沿用至今。

què zì de yǎn biàn

【“雀”字的演变】

甲骨文　　金文　　小篆　　隶书　　简体字

yīng yǔ yì diǎn tōng

【英语一点通】

“雀”的英文是 sparrow，意即“麻雀”。另外，sparrow 还指“个子小的人”。单词 sparrow 中还包含着两个单词 arrow 和 row，其中 arrow 指“箭、箭头”，row 指“一排、一行”。小朋友可以用一句话“用箭射了一排麻雀”来记住 arrow、row 和 sparrow 这几个单词。

xiǎo péng you bèi shī cí

【小朋友背诗词】

chì bì

赤壁

táng　dù mù

〔唐〕杜牧

zhé jǐ chén shā tiě wèi xiāo　zì jiāng mó xǐ rèn qián cháo

折戟沉沙铁未销，自将磨洗认前朝。

dōng fēng bù yǔ zhōu láng biàn　tóng què chūn shēn suǒ èr qiáo

东风不与周郎便，铜雀春深锁二乔。

（**注释**　折戟沉沙：断戟沉没在泥沙里。销：销蚀。自：自己。磨洗：磨光洗净。前朝：指上一个朝代。不与：[若]不给。周郎：指周瑜。便：方便。铜雀：借指曹操所建造的铜雀台。二乔：指大乔、小乔。）

兽

“兽”字在现代汉语中一般指野兽，但在古文字中，它还有“狩猎”的含义，这可以从该字的最初形态看出来。在甲骨文中，“兽”字由左右两部分组成：左边的是一个树杈的形象，它上面的小圈表示树杈的尖端，下面的短横表示使用猎网时位置的移动，字的右半边则是一只狗的图案。该字真实地反映了古代先民的狩猎活动：猎犬先行追捕牵制猎物，猎人手持树杈、猎网等工具随后迅速赶到。由此看来，“兽”字的本来含义就是“狩猎”，同时它也兼有表示狩猎的对象，即野兽的含义。在后来的演变中，“兽”字除渐趋符号化外，基本没有太大变化。文字简化时，“獸”的左半边被分出来表示“野兽”，而其本义“狩猎”则用“狩”替代。

shòu zì de yǎn biàn
【“兽”字的演变】

甲骨文　金文　小篆　隶书　简体字

yīng yǔ yì diǎn tōng
【英语一点通】

“兽”的英文有两种说法：animal 和 beast。其中 animal 是动物的总称，以区别于 plant（植物）。另外，animal 也可以表示除人类以外的“动物”，以区别于人，如 wild animals 即指“野生动物”。而 beast 主要指野兽，指人时含贬义，如“He's a beast.”就是说“他是个恶棍”。

kě ài de zǔ guó
【可爱的祖国】

gǔ shí hou rén men jiāng tiān shàng de xīng zuò fēn wéi èr shí bā
古时候，人们将天上的星座分为二十八
xiù yóu yú bù hǎo jì yì biàn jiāng qí àn dōng xī nán běi sì gè
宿，由于不好记忆，便将其按东西南北四个
fāng wèi fēn zuò sì zǔ měi zǔ qī xiù fēn bié yǔ sì zhǒng yán sè
方位分作四组，每组七宿，分别与四种颜色、
sì zhǒng dòng wù de xíng xiàng xiāng pǐ pèi chēng wéi sì xiàng huò sì
四种动物的形象相匹配，称为四象或四
shén jù tǐ duì yìng guān xì wéi dōng fāng qīng lóng wéi qīng sè xī
神，具体对应关系为：东方青龙为青色，西
fāng bái hǔ wéi bái sè nán fāng zhū què wéi hóng sè běi fāng xuán wǔ
方白虎为白色，南方朱雀为红色，北方玄武
wéi hēi sè qí zhōng zhū què yě kě chēng wéi xuán niǎo ér xuán wǔ
为黑色。其中朱雀也可称为玄鸟，而玄武
zé shì zhǐ yóu guī hé shé zǔ hé ér chéng de yì zhǒng líng wù
则是指由龟和蛇组合而成的一种灵物。

虎

xiǎo péng you men chàng de ér gē liǎng zhī lǎo hǔ zhōng de xiǎo
小朋友们唱的儿歌《两只老虎》中的小
lǎo hǔ hěn kě ài dàn shì zhēn zhèng de lǎo hǔ què hěn xiōng měng yě
老虎很可爱，但是真正的老虎却很凶猛，也
hěn lìng rén hài pà zài jiǎ gǔ wén zhōng hǔ zì jiù miáo huà chū
很令人害怕。在甲骨文中，“虎”字就描画出
le lǎo hǔ wēi měng de xíng xiàng tā hǔ tóu cháo shàng hǔ kǒu dà
了老虎威猛的形象：它虎头朝上、虎口大
zhāng shēn pī bān wén wěi ba shàng qiào zhěng gè hǔ zì jiù xiàng
张、身披斑纹、尾巴上翘，整个“虎”字就像
shì yí gè hǔ xiào shān lín de cè shēn jiǎn yǐng ràng rén jiàn zì rú jiàn
是一个虎啸山林的侧身剪影，让人见字如见
měng hǔ bù jīn xīn shēng qiè yì jīn wén zhōng de hǔ zì bǐ
猛虎，不禁心生怯意。金文中的“虎”字笔
huà jiǎn diào xǔ duō dàn réng rán liú yǒu lǎo hǔ de xíng xiàng dào xiǎo
画减掉许多，但仍然留有老虎的形象。到小
zhuàn hǔ zì jiàn shī jiǎ gǔ wén jīn wén de xiàng xíng tè diǎn qū
篆，“虎”字渐失甲骨文、金文的象形特点，趋
yú wén zì de fú hào huà dàn hǔ zì de xiàn tiáo gèng jiā yún chèn
于文字的符号化，但“虎”字的线条更加匀称、
měi guān zhī hòu lì shū děng zì tǐ dōu zài xiǎo zhuàn hǔ zì de
美观。之后，隶书等字体都在小篆“虎”字的
jī chǔ shàng yǎn biàn ér lái zuì hòu wán quán fú hào huà jiù bú zài
基础上演变而来，最后完全符号化，就不再
néng ràng rén yǒu duì lǎo hǔ wēi měng xíng xiàng de lián xiǎng xiàn zài
能让人有对老虎威猛形象的联想。现在，
xiǎo péng you rú guǒ xiǎng kàn kan xiōng měng de lǎo hǔ jiù yào qù dòng
小朋友如果想看看凶猛的老虎，就要去动
wù yuán le
物园了。

hǔ zì de yǎn biàn
【“虎”字的演变】

甲骨文

金文

小篆

隶书

虎

简体字

虎

yīng yǔ yì diǎn tōng
【英语一点通】

“虎”的英文是 tiger。在英文中，tiger 可以和表示“猫”的单词 cat 组成一个新的词组 tiger cat，意思是“山猫”。另外，“纸老虎”的英文即 paper tiger，用来比喻外表强大、实际虚弱的人，其中 paper 指“纸张”。而汉语“生龙活虎地工作”用英文讲则是 work like a tiger。

cí yǔ jù bǎo pén
【词语聚宝盆】

sān rén chéng hǔ zhè ge chéng yǔ chū zì zhàn guó cè
“三人成虎”这个成语，出自《战国策·
wèi cè èr yuán yì zhǐ sān gè rén huǎng bào jí shì lǐ yǒu lǎo
魏策二》，原意指三个人谎报集市里有老
hǔ tīng zhě jiù xìn yǐ wéi zhēn bǐ yù yáo yán jīng duō rén chóng
虎，听者就信以为真。比喻谣言经多人重
fù shù shuō jiù néng shǐ rén xìn yǐ wéi zhēn lì rú yáo yán
复述说，就能使人信以为真。例如：谣言
de kě pà zhī chù jiù zài yú sān rén chéng hǔ shuō de rén yì
的可怕之处就在于“三人成虎”，说的人一
duō jiù huì shǐ nǐ gǎo bù qīng zhēn jiǎ le yǔ sān rén chéng
多，就会使你搞不清真假了。与“三人成
hǔ jìn yì de cí yǒu zhòng kǒu shuò jīn dào tīng tú shuō
虎”近义的词有“众口铄金、道听途说”
děng fǎn yì de cí yǒu yǎn jiàn wéi shí děng
等，反义的词有“眼见为实”等。

象

yuǎn gǔ shí qī huáng hé liú yù cóng lín mì bù bǎi shòu jù
远古时期，黄河流域丛林密布、百兽聚
jí qí zhōng yě yǒu dà xiàng sì chù huó dòng wǒ men de xiān mín gēn
集，其中也有大象四处活动，我们的先民根
jù dà xiàng de yàng zi zào chū le xiàng zì jiǎ gǔ wén zhōng
据大象的样子造出了“象”字。甲骨文中，
xiàng zì miáo huà de jiù shì dà xiàng de cè miàn tú xíng cū
“象”字描画的就是大象的侧面图形，粗
cháng de bí zi kuān hòu de shēn qū tǐ xiàn le dà xiàng de diǎn
长的鼻子、宽厚的身躯，体现了大象的典
xíng tè zhēng jīn wén zhōng xiàng zì réng bǎo liú zhe yì xiē
型特征。金文中，“象”字仍保留着一些
xiàng xíng de tè diǎn dà xiàng cū cháng de bí zi réng kě fēn biàn
象形的特点，大象粗长的鼻子仍可分辨。
dàn shì xiǎo zhuàn de xiàng zì yǐ qū xiàng wén zì fú hào jī
但是，小篆的“象”字已趋向文字符号，基
běn kàn bù chū dà xiàng de yàng zi le zhī hòu xiàng de gè
本看不出大象的样子了。之后，“象”的各
zhǒng zì tǐ jiù shì cóng xiǎo zhuàn de zì xíng zhí jiē yǎn biàn ér lái
种字体就是从小篆的字形直接演变而来。
wǒ guó yuǎn gǔ shí de běi fāng réng yǒu dà xiàng huó dòng rán ér suí
我国远古时的北方仍有大象活动，然而，随
zhe rén men duì dà zì rán de kāi fā yǔ pò huài xiàng qún bù dé bù
着人们对大自然的开发与破坏，象群不得不
yí bù bù xiàng nán fāng qiān xǐ dào hàn dài shí dà xiàng jiù yǐ
一步步向南方迁徙。到汉代时，大象就已
jīng dào le yún nán yí dài xiàn zài wǒ guó yǐ jīng jiāng dà xiàng
经到了云南一带。现在，我国已经将大象
liè wéi guó jiā jí bǎo hù dòng wù
列为国家级保护动物。

xiàng zì de yǎn biàn

【“象”字的演变】

yīng yǔ yì diǎn tōng

【英语一点通】

“象”的英文是 elephant。在英文中，white elephant 指“白象”，但这个词组通常用来表示“昂贵而又无用之物”，其中 white 的意思是“白色的”。另外，white 与“羽毛”feather 搭配，即 white feather，它的意思是“胆怯”。如 show the white feather 就是“畏缩不前、示弱”的意思。

kē pǔ xiǎo zhī shi

【科普小知识】

dà xiàng shì xiàn cún shì jiè shàng zuì dà de lù qī dòng wù fēn
大象是现存世界上最大的陆栖动物，分
yà zhōu xiàng hé fēi zhōu xiàng liǎng zhǒng yà zhōu xiàng zhǔ yào fēn bù
亚洲象和非洲象两种。亚洲象主要分布
yú yìn dù tài guó jiǎn pǔ zhài yuè nán děng guó wǒ guó yún nán
于印度、泰国、柬埔寨、越南等国，我国云南
shěng xī shuāng bǎn nà dì qū yě yǒu xiǎo de yě shēng zhǒng qún fēi
省西双版纳地区也有小的野生种群；非
zhōu xiàng zé guǎng fàn fēn bù yú zhěng gè fēi zhōu dà lù dà xiàng
洲象则广泛分布于整个非洲大陆。大象
yǒu zhe róu rèn ér fā dá de cháng bí hé jù dà de shàn xíng ěr duo
有着柔韧而发达的长鼻和巨大的扇形耳朵，
tā men xǐ huan qún jū qí cháng bí jù yǒu chán juǎn gōng néng shì
它们喜欢群居。其长鼻具有缠卷功能，是
zì wèi hé qǔ shí de yǒu lì gōng jù
自卫和取食的有力工具。

鹿

鹿是一种善于奔跑、性格温顺的可爱动物，雄性的鹿的头上长有树枝状的角，不仅美丽而且可以用来入药。甲骨文中的“鹿”字，就描画了鹿的这一典型特征，突出表现了它的枝杈状的双角。在金文中，“鹿”字是一个鹿的头部的正面图形，也突出了它的双角；另外，它还沿袭甲骨文，描画出了鹿长着悬趾的两条腿。到小篆，“鹿”字有了很大变化，更趋线条化。而发展到隶书，“鹿”字已完全失去了鹿的形象，完全演变为一种文字符号。鹿一般生活在山地、草原或森林，它们种类繁多、形态各异，其中大部分种类较常见，有少数种类为濒危物种，如梅花鹿就是国家一级保护野生动物。

lù zì de yǎn biàn
【“鹿”字的演变】

甲骨文	金文	小篆	隶书	简体字

yīng yǔ yì diǎn tōng
【英语一点通】

“鹿”的英文是 deer，是鹿的总称。在英文中，“公鹿”是 buck，“母鹿”是 doe，“幼鹿”则是 fawn。另外，deer 和 dear 同音，而 dear 的意思是“亲爱的”，dear 又和表示“眼泪”的 tear 相近，小朋友可以用句子“亲爱的鹿流泪了”来联想记忆 dear、deer 和 tear。

cí yǔ jù bǎo pén
【词语聚宝盆】

lù sǐ shuí shǒu zhè yì chéng yǔ yuán lái bǐ yù bù zhī zhèng quán huì luò zài shuí de shǒu lǐ，xiàn zài yě fàn zhǐ zài jìng sài zhōng bù zhī shuí huì qǔ dé zuì hòu de shèng lì。lì rú：bǐ sài shuāng fāng qí gǔ xiāng dāng，jiū jìng lù sǐ shuí shǒu，shuí huì zuì zhōng shèng chū，xiàn zài hái nán yǐ yù liào。yǔ lù sǐ shuí shǒu jìn yì de cí yǒu lóng zhēng hǔ dòu、míng zhēng àn dòu，fǎn yì de cí yǒu hé zhōng gòng jì、hé píng gòng chǔ děng。

“鹿死谁手”这一成语原来比喻不知政权会落在谁的手里，现在也泛指在竞赛中不知谁会取得最后的胜利。例如：比赛双方旗鼓相当，究竟鹿死谁手，谁会最终胜出，现在还难以预料。与“鹿死谁手”近义的词有“龙争虎斗、明争暗斗”，反义的词有“和衷共济、和平共处”等。

马

在过去，马作为一种重要的交通工具，和人们的生活有着非常密切的关系，所以人们对马的观察也特别仔细。小朋友，你看看甲骨文中的“马”字，古人对马的眼睛、鬃毛和尾巴等是不是刻画得非常准确呢？在金文中，“马”字基本还保留着对马的形体描画的象形特点。但到小篆，为了便于书写，“马”字的线条变得简洁、流畅，不过仍可隐约辨别出马的头部、鬃毛和尾巴。后来，隶书对“马”字进行了简化，但还是比较烦琐。到简体字时，“马”字就进一步演化成了现在这个样子。另外，“马”字还可以用作汉字的部首，比如“驯、驮、驶、闯”等，它们一般都与马的形态、功能或者属性等有关。

【“马”字的演变】

甲骨文	金文	小篆	隶书	简体字
			馬	马

【英语一点通】

“马”的英文是 horse，例如，a dark horse 即指“黑马”。小朋友，如果两个 horse 连用，就是 horse and horse，你知道这个短语代表什么吗？它的意思是“并驾齐驱、旗鼓相当”，你可要记住哟！另外，horse 和 house 的音、形很接近，house 的意思是“房子、住宅”等，你也要注意区分哟！

【词语聚宝盆】

“马到成功”的意思是征战时战马一到阵前就取得胜利，形容事情顺利，刚开始就取得成功。例如：你们的准备工作做得非常充分，我相信你们一定能马到成功，顺利完成这项任务。与“马到成功”近义的词有“旗开得胜”，反义的词有“屡战屡败”等。

牛

“牛”是古人依据牛头创造出来的象形字。在甲骨文中，“牛”字突出了牛角向上竖起的特征，和“羊”字有明显区别。金文、小篆中的字形承袭甲骨文，还具有象形的特点，但隶书起，“牛”字走向符号化，失去象形的意味。在我国的农耕文化中，牛占据着重要地位：它不仅能用于耕作或负重，也能供人们食用，它还是古人在祭祀时使用的重要供品。古人在举行祭神、祭祖等仪式时，如果以牛、羊、猪为祭品，称为太牢；祭品只有羊和猪，则为少牢。古人因为生产、生活离不开牛，对牛非常珍视，所以只有在最隆重的祭祀中才会用牛来做祭品。

niú zì de yǎn biàn

【“牛”字的演变】

甲骨文	金文	小篆	隶书	简体字

yīng yǔ yì diǎn tōng

【英语一点通】

“牛”的英文有 cattle、cow 及 ox 等。其中：cattle 是“牛”的总称，也指“牲畜”；cow 是“母牛”的意思；而 ox 则指“公牛”。例如，dairy cattle 指“奶牛”，其中 dairy 指“牛奶场”。另外，小朋友还要记住：cattle 没有复数形式，ox 的复数形式是 oxen。

jì yǔ xiǎo dú zhě

【寄语小读者】

chū shēng niú dú bú pà hǔ shì shuō gāng shēng xià lái de
“初生牛犊不怕虎”是说刚生下来的
xiǎo niú bú pà lǎo hǔ rén men cháng yòng zhè jù sú yǔ lái bǐ
小牛不怕老虎。人们常用这句俗语来比
yù qīng nián rén sī xiǎng shàng hěn shǎo yǒu gù lǜ gǎn zuò gǎn
喻青年人思想上很少有顾虑，敢作敢
wéi xiǎo péng you zài xué xí zhōng jiù yīng gāi jù yǒu zhè zhǒng
为。小朋友在学习中就应该具有这种
chū shēng niú dú bú pà hǔ de pò lì hé yǒng qì gǎn yú miàn
“初生牛犊不怕虎”的魄力和勇气，敢于面
duì kùn nan tí chū wèn tí jiě jué nán tí zhè yàng cái néng xué
对困难、提出问题、解决难题，这样才能学
hǎo běn lǐng zhǎng wò zhī shi
好本领、掌握知识。

角

jiǎo shì niú yáng lù děng bǔ rǔ dòng wù tóu shàng zhǎng
“角”是牛、羊、鹿等哺乳动物头上长
chū lái de jiān yìng de dōng xi lù jiǎo xī niú jiǎo děng gē diào hòu
出来的坚硬的东西，鹿角、犀牛角等割掉后
néng zài shēng chū lái wǒ men de zǔ xiān guān chá dào zhè yí xiàn
能再生出来。我们的祖先观察到这一现
xiàng yú shì gē xià yì xiē dòng wù de jiǎo zuò chéng gè zhǒng qì
象，于是割下一些动物的角，做成各种器
wù rú yuè qì zhuāng shì pǐn děng jiǎ gǔ wén jīn wén zhōng de
物，如乐器、装饰品等。甲骨文、金文中的
jiǎo jiù shì yì zhī gē xià lái zuò chéng le hào jiǎo zhī lèi wù
“角”，就是一只割下来做成了号角之类物
pǐn de niú jiǎo de tú xíng xiǎo zhuàn yán xí jīn wén de zì xíng
品的牛角的图形。小篆沿袭金文的字形，
shàng néng kàn dào dòng wù jiǎo shàng lín zhuàng zhēn pí de xíng zhuàng
尚能看到动物角上鳞状真皮的形状。
dào lì shū jiǎo zì wán quán fú hào huà yǐ jīng kàn bù chū qí
到隶书，“角”字完全符号化，已经看不出其
zuì chū xiàng xíng de tè diǎn xiàn dài hàn yǔ zhōng jiǎo de zì
最初象形的特点。现代汉语中，“角”的字
yì dé dào kuò zhǎn xíng zhuàng xiàng jiǎo de dōng xi huò zhě wù tǐ biān
义得到扩展：形状像角的东西或者物体边
yán xiāng jiē de dì fang dōu kě yǐ chēng wéi jiǎo rú líng jiao
沿相接的地方都可以称为“角”，如“菱角、
zào jiǎo huò zhuō zi jiǎor qiáng jiǎor děng yě kě yǐ zhǐ
皂角”或“桌子角儿、墙角儿”等；也可以指
chēng xì jù huò diàn yǐng lǐ yǎn yuán suǒ bàn yǎn de jù zhōng rén
称戏剧或电影里演员所扮演的剧中人
wù rú dàn jué jué sè děng
物，如“旦角、角色”等。

jiǎo zì de yǎn biàn
【“角”字的演变】

甲骨文　金文　小篆　隶书　简体字

yīng yǔ yì diǎn tōng
【英语一点通】

“角”指“号角”时，英文是 horn，如“吹号角”即 wind the horn，其中 wind 指“吹”。但是，当“角”表示“角落”时，英文为 corner；当“角”表示“数学上的‘角度’”时，英文则是 angle。表示“角度”的 angle 和表示“天使”的 angel 极易混淆，小朋友要注意哟！

xiǎo péng you bèi shī cí
【小朋友背诗词】

qiū bō mèi　qī yuè shí liù rì wǎn
秋波媚·七月十六日晚

dēng gāo xìng tíng wàng cháng ān nán shān
登高兴亭望长安南山

sòng　lù yóu
〔宋〕陆游

qiū dào biān chéng jiǎo shēng āi　fēng huǒ zhào gāo tái
秋到边城角声哀，烽火照高台。

bēi gē jī zhù　píng gāo lèi jiǔ　cǐ xìng yōu zāi
悲歌击筑，凭高酹酒，此兴悠哉。

duō qíng shuí sì nán shān yuè　tè dì mù yún kāi
多情谁似南山月，特地暮云开。

bà qiáo yān liǔ　qū jiāng chí guǎn　yìng dài rén lái
灞桥烟柳，曲江池馆，应待人来。

（**注释**　高兴亭：亭名，在南郑[今属陕西]内城西北，正对当时在金占领区的长安南山。南山：即秦岭支脉终南山。筑：弦乐器，形似筝，有十三弦。酹酒：把酒洒在地上的祭祀仪式。人：指进军关中的宋军。）

羊

xiǎo péng you xǐ huan kàn dòng huà piàn xǐ yáng yáng yǔ huī tài
小朋友喜欢看动画片《喜羊羊与灰太
láng ba nǐ jué de xǐ yáng yáng yì jiā shì bú shì hěn rè nào yě
狼》吧？你觉得喜羊羊一家是不是很热闹也
hěn kě ài wǒ men de zǔ xiān zǎo zài mǔ xì shì zú gōng shè shí
很可爱？我们的祖先早在母系氏族公社时
qī jiù kāi shǐ yǎng shēng xìng wēn shùn de yáng le gēn jù yáng de tè
期就开始养生性温顺的羊了。根据羊的特
diǎn gǔ rén chuàng zào chū le yáng de xiàng xíng zì zài jiǎ gǔ
点，古人创造出了“羊”的象形字。在甲骨
wén jīn wén zhōng yáng zì shì yí gè yáng tóu de jiǎn bǐ huà
文、金文中，“羊”字是一个羊头的简笔画，
xiàng xià wān qū de yáng jiǎo tū chū le yáng bú tóng yú qí tā dòng wù
向下弯曲的羊角突出了羊不同于其他动物
de tè zhēng cóng xiǎo zhuàn yì zhí dào jīn tiān de jiǎn tǐ zì
的特征。从小篆一直到今天的简体字，
yáng de zì xíng méi yǒu tài dà de yǎn biàn yóu qí shì shàng miàn
“羊”的字形没有太大的演变，尤其是上面
de liǎng diǎn réng rán bǎo liú zhe yì xiē yáng jiǎo de xiàng xíng tè
的两点，仍然保留着一些羊角的象形特
diǎn gǔ rén duì yáng fēi cháng xǐ ài bìng bǎ tā kàn zuò shì jí
点。古人对羊非常喜爱，并把它看作是吉
xiáng měi hǎo de xiàng zhēng yīn cǐ xǔ duō biǎo shì jí xiáng měi
祥、美好的象征。因此，许多表示吉祥、美
hǎo de hàn zì dōu yǐ yáng zì zuò piān páng rú měi shàn
好的汉字都以“羊”字做偏旁，如“美、善、
xiān xiáng děng
鲜、祥”等。

yáng zì de yǎn biàn

【“羊”字的演变】

甲骨文　　金文　　小篆　　隶书　　简体字

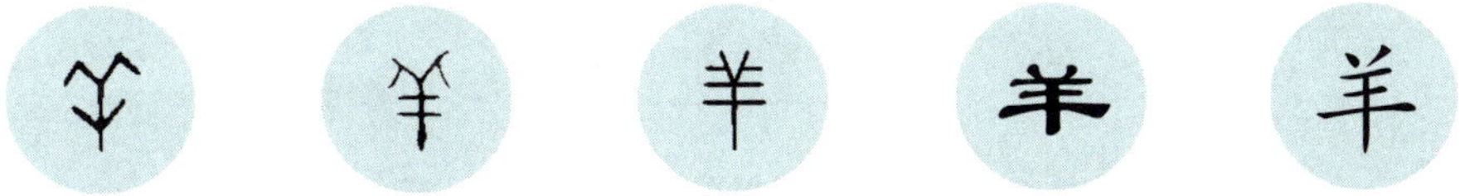

yīng yǔ yì diǎn tōng

【英语一点通】

“羊”的英文有 sheep、goat 等，其中 sheep 指“绵羊”，而 goat 指“山羊”。小朋友要记住，sheep 的复数形式是它的原形，如“三只羊”即 three sheep。另外，goat 有“替罪羊”的意思。不过，“替罪羊”在英文中也常用另外一个词 scapegoat 来表示，指“代人受过的人”。

cí yǔ jù bǎo pén

【词语聚宝盆】

qí lù wáng yáng yǔ chū liè zǐ shuō fú qí zhōng
“歧路亡羊”语出《列子·说符》。其中，
qí lù zhǐ chà lù wáng zhǐ diū shī zhè ge chéng yǔ de
“歧路”指岔路，“亡”指丢失。这个成语的
yì si shì yīn chà lù tài duō wú fǎ zhuī xún ér diū shī le yáng
意思是因岔路太多无法追寻而丢失了羊，
xiàn bǐ yù shì wù fù zá duō biàn méi yǒu zhèng què de fāng xiàng
现比喻事物复杂多变，没有正确的方向
jiù huì wù rù qí tú lì rú zài xué xí zhōng rú guǒ wǒ men
就会误入歧途。例如：在学习中，如果我们
jīng cháng gǎi biàn xué xí nèi róng xué xí fāng fǎ jiù huì dǎo zhì
经常改变学习内容、学习方法，就会导致
mí shī fāng xiàng qí lù wáng yáng dào tóu lái zhǐ huì yì wú suǒ
迷失方向、歧路亡羊，到头来只会一无所
huò yǔ qí lù wáng yáng jìn yì de cí yǒu wù rù qí
获。与“歧路亡羊”近义的词有“误入歧
tú fǎn yì de cí yǒu gǎi xié guī zhèng
途”，反义的词有“改邪归正”。

羔

远古时代，我们的祖先在发现火后，不仅将火用于生产，还将火用于自己的生活。“羔”字的出现就是古人用火来烧烤食物的情景再现。甲骨文中的“羔”字是上下结构：上面的字形是“羊”的象形，下面的“山”字形代表的是火，两形会意，表示的就是用火烤羊。金文时，由于文字是经浇铸而成的，所以火的字形变为实心。到小篆，“火”的字形开始符号化。隶书起，“火”又演变成“灬”，于是，“羔”的字形最终确定。随着不断的生活实践，人们发现小羊易于烧烤、味道鲜美，于是将小羊拿来烧烤，受此影响，“羔”字在发展过程中也逐渐变为“小羊”的专称。

gāo zì de yǎn biàn
【“羔”字的演变】

甲骨文	金文	小篆	隶书	简体字

yīng yǔ yì diǎn tōng
【英语一点通】

“羔”的英文有 lamb 和 kid，其中 lamb 的意思是“羔羊、小羊”，kid 指“小山羊”。另外，kid 还有“小孩子”的意思。小朋友还要注意“小羊”lamb 与 lame 的区别。单词 lame 的意思是“跛的、瘸的”，比如 a lame lamb 就是指“一只瘸腿的小羊”。

xiǎo péng you tīng gù shi
【小朋友听故事】

gāo yáng guì rǔ jiǎng de shì hěn zǎo yǐ qián yì zhī mǔ yáng
“羔羊跪乳”讲的是很早以前，一只母羊
shēng le yì zhī xiǎo gāo yáng mǔ yáng duì xiǎo yáng fēi cháng téng
生了一只小羔羊。母羊对小羊非常疼
ài yí cì mǔ yáng zài gěi xiǎo yáng wèi nǎi shí yì zhī mǔ jī lái
爱。一次，母羊在给小羊喂奶时，一只母鸡来
quàn tā bú yòng zhè me xīn kǔ xué xue wǒ ràng hái zi zì jǐ
劝她：“不用这么辛苦！学学我，让孩子自己
pū nào qù dàn shì mǔ yáng bìng bù dā li tā xiǎo yáng wèn mā
扑闹去！”但是母羊并不搭理她。小羊问妈
ma nín zhè yàng téng ài wǒ wǒ zěn yàng cái néng bào dá mǔ
妈：“您这样疼爱我，我怎样才能报答？”母
yáng shuō shǎ hái zi nǐ yǒu zhè piàn xiào xīn jiù gòu le xiǎo
羊说：“傻孩子，你有这片孝心就够了。”小
yáng tīng hòu bú jué lèi xià cóng cǐ měi cì chī nǎi xiǎo yáng dōu
羊听后，不觉泪下。从此，每次吃奶小羊都
guì zhe wèi de shì duì mā ma de bǔ yù zhī ēn biǎo shì gǎn jī
跪着，为的是对妈妈的哺育之恩表示感激。

豕

就像《西游记》中的猪八戒一样，猪给人的印象一般都是肥头大耳、好吃懒做、令人厌恶，但是在古代，猪却很受人们喜爱，有人甚至给它取了不少外号，如“印忠、汤盎、黑面郎、黑爷”等。而猪在被人们驯养之初，它的名字是“豕”。甲骨文中的“豕”就是一头猪的侧影——长嘴、肥肚、细尾，这些都是对猪的形象描绘。金文的“豕”趋向线条化，小篆承袭金文的特点，而隶书就将字形确定为“豕”。在古人看来，猪易于喂养、浑身是宝，是非常重要的家畜，也是家庭财富的重要象征，所以“豕”就成了汉字“家”的组字部件，也就是说，我们的祖先认为，屋里有了猪才叫有了“家”。

shǐ zì de yǎn biàn
【"豕"字的演变】

甲骨文 金文 小篆 隶书 简体字

yīng yǔ yì diǎn tōng

【英语一点通】

“豖”的英文有 pig、swine 及 hog 等，它们都是“猪”的意思。其中：pig 专指“猪”，为中性词；swine 多用于专业术语，如指疾病“猪流感”，即为 swine flu，其中 flu 指“流感”；而单词 hog 指“阉猪”，具有贬义色彩，常用于指“自私或贪婪的人”。

kē pǔ xiǎo zhī shi

【科普小知识】

kē xué jiā tōng guò duì zhū de shēng huó xí xìng jìn xíng de
科学家通过对猪的生活习性进行的
cháng qī guān chá yǔ yán jiū zhèng míng zhū shì yì zhǒng shàn
长期观察与研究，证明猪是一种善
liáng wēn shùn cōng míng de dòng wù zài hěn duō fāng miàn zhū
良、温顺、聪明的动物。在很多方面，猪
bǐ gǒu hái cōng míng jīng guò zhuān mén xùn liàn de zhū yǒu gè
比狗还聪明。经过专门训练的猪，有各
zhǒng gè yàng de běn lǐng yǒu xiē bǐ jiào jī ling de zhū hái kě yǐ
种各样的本领，有些比较机灵的猪还可以
dàng zhū quǎn shǐ yòng yǒu de shèn zhì hái néng yòng bí zi xiù
当“猪犬”使用，有的甚至还能用鼻子嗅
chū mái zài tǔ lǐ de dì léi
出埋在土里的地雷。

犬

xiǎo péng you xǐ huan xiǎo gǒu ba dàn shì nǐ zhī dào ma gǒu
小朋友喜欢小狗吧？但是你知道吗？狗
shì zài dà yuē yí wàn nián qián de xīn shí qì shí qī bèi rén lèi xùn
是在大约一万年前的新石器时期，被人类驯
yǎng ér chéng wéi rén lèi de péng you de gēn jù gǒu de tǐ xíng
养而成为人类的朋友的。根据狗的体形，
wǒ men de zǔ xiān jiāng tǐ xíng dà de chēng zuò quǎn xiǎo de chēng
我们的祖先将体形大的称作“犬”，小的称
wéi gǒu zài jiǎ gǔ wén zhōng quǎn zì jiù shì yì zhī gǒu
为“狗”。在甲骨文中，“犬”字就是一只狗
cè shēn de xiàng xíng hé jiǎ gǔ wén de shǐ xiāng bǐ quǎn
侧身的象形，和甲骨文的“豕”相比，“犬”
de tǐ xíng shòu xiǎo wěi ba shàng qiào zhè zhèng shì gǒu zài tǐ mào
的体形瘦小、尾巴上翘，这正是狗在体貌
shàng bù tóng yú zhū de diǎn xíng tè zhēng jīn wén zhōng quǎn
上不同于猪的典型特征。金文中，“犬”
réng bǎo liú zhe gǒu de xiàng xíng tè diǎn dàn cóng xiǎo zhuàn kāi shǐ
仍保留着狗的象形特点。但从小篆开始，
quǎn zì qū yú fú hào huà dào lì shū yǐ kàn bù chū gǒu de
“犬”字趋于符号化。到隶书，已看不出狗的
yǐng zi le hàn yǔ zhōng quǎn hái bèi yòng zuò hàn zì de piān
影子了。汉语中，“犬”还被用作汉字的偏
páng xiě zuò sì hái néng kàn chū zuì chū de quǎn zì de
旁，写作“犭”，似还能看出最初的“犬”字的
yì xiē zì xíng tè diǎn
一些字形特点。

quǎn zì de yǎn biàn

【“犬”字的演变】

甲骨文　　金文　　小篆　　隶书　　简体字

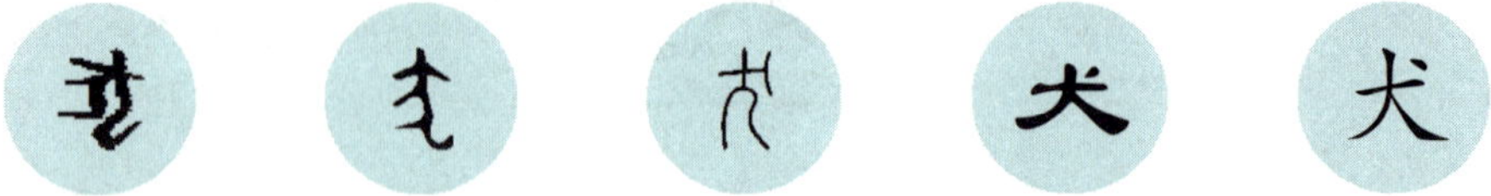

yīng yǔ yì diǎn tōng

【英语一点通】

“犬”的英文是 dog，即指“狗”。和 dog 有关的谚语有“Love me，love my dog.”意为“爱我就爱我的狗”，其寓意即“爱屋及乌”。另外，和 dog 相似的词有 fog（雾）、hog（阉猪）、jog（慢跑）、log（原木）等。

cí yǔ jù bǎo pén

【词语聚宝盆】

zài yīng wén zhōng shè jí gǒu shí rén men de yòng yǔ dà dōu bú dài biǎn yì sè cǎi dàn shì zài hàn yǔ zhōng fán shì yǔ gǒu yǒu guān de chéng yǔ huò sú yǔ zé jī běn dōu shì fù miàn de píng jià rú gǒu jí tiào qiáng bǐ yù zǒu tóu wú lù shí bú gù hòu guǒ de xíng dòng gǒu tóu jūn shī shì duì zhuān zài bēi hòu chū móu huà cè de rén de miè chēng guà yáng tóu mài gǒu ròu zé yòng lái bǐ yù yòng hǎo de míng yì zuò huǎng zi shí jì shàng míng bù fù shí huò àn zhōng zuò huài shì děng

在英文中，涉及狗时，人们的用语大都不带贬义色彩。但是，在汉语中，凡是与狗有关的成语或俗语，则基本都是负面的评价。如“狗急跳墙”比喻走投无路时不顾后果地行动；“狗头军师”是对专在背后出谋划策的人的蔑称；“挂羊头卖狗肉”则用来比喻用好的名义做幌子，实际上名不副实或暗中做坏事等。

兔

zài jiǎ gǔ wén zhōng dài biǎo dòng wù míng chēng de wén zì yì bān
在甲骨文中，代表动物名称的文字一般
dōu shì xiàng xíng zì tù zì yě bú lì wài jiǎ gǔ wén de tù
都是象形字，“兔”字也不例外。甲骨文的“兔”
zì hěn xiàng shì yí gè tù zi de jiǎn bǐ huà duǎn wěi cháng tuǐ
字很像是一个兔子的简笔画——短尾、长腿、
tóu bù yǔ lǎo shǔ xiāng sì tā fēi cháng xíng xiàng de miáo huà chū le tù
头部与老鼠相似，它非常形象地描画出了兔
zi de tè diǎn jīn wén zhōng tù zì de xiàng xíng tè diǎn méi yǒu
子的特点。金文中，“兔”字的象形特点没有
duō shǎo gǎi biàn dàn dào xiǎo zhuàn tù zì kāi shǐ fú hào huà màn
多少改变。但到小篆，“兔”字开始符号化，慢
màn tuō lí le tù zi de xíng xiàng dào lì shū gāi zì yǐ wán quán méi
慢脱离了兔子的形象。到隶书，该字已完全没
yǒu le tù zi de yǐng zi xiǎo péng you dōu zhī dào tù zi shì yì zhǒng
有了兔子的影子。小朋友都知道，兔子是一种
ruò xiǎo de dòng wù jī hū duì qí tā suǒ yǒu dòng wù bú huì gòu chéng
弱小的动物，几乎对其他所有动物不会构成
wēi xié dàn tā zì jǐ què shí cháng zāo shòu gōng jī suǒ yǐ tù zi
威胁，但它自己却时常遭受攻击，所以，兔子
zhěng tiān dōu chǔ yú fáng yù zhuàng tài zhī zhōng wǒ men de xǔ duō chéng
整天都处于防御状态之中。我们的许多成
yǔ dōu fǎn yìng le tù zi de zhè ge shēng cún tè diǎn bǐ rú jiǎo tù
语都反映了兔子的这个生存特点，比如“狡兔
sān kū jiù shì zhǐ tù zi wèi le zì shēn ān quán ér yǒu hǎo jǐ gè
三窟”，就是指兔子为了自身安全而有好几个
cáng shēn zhī chù
藏身之处。

tù zì de yǎn biàn

【“兔”字的演变】

甲骨文　　金文　　小篆　　隶书　　简体字

yīng yǔ yì diǎn tōng
【英语一点通】

“兔”的英文有 rabbit 和 hare。两者区别在于 rabbit 泛指所有兔子，尤其是“家兔”，而 hare 指“野兔”。和“野兔”hare 词形接近的词有 dare（敢、敢做）、mare（母马）、rare（稀少的）等。

cí yǔ jù bǎo pén
【词语聚宝盆】

dōng tù xī wū zhè ge chéng yǔ shì shuō yuè liang dōng
“东兔西乌”这个成语是说月亮东
shēng tài yáng xī luò bǐ yù shí guāng bú duàn liú shì yīn wèi
升、太阳西落，比喻时光不断流逝。因为
zài shén huà chuán shuō zhōng yuè liang lǐ yǒu yù tù tài yáng lǐ
在神话传说中，月亮里有玉兔，太阳里
yǒu sān zú jīn wū suǒ yǐ rén men jiù yòng wū tù lái fēn bié dài
有三足金乌，所以人们就用乌、兔来分别代
biǎo rì yuè lì rú shí bù wǒ dài dōng tù xī wū wǒ
表日、月。例如：时不我待、东兔西乌，我
men yí dìng yào zhuā jǐn shí jiān nǔ lì xué xí
们一定要抓紧时间努力学习。

虫

虫是昆虫类的通称，它们在地球上已经有上亿年的历史。因为生活中经常见到，所以古人很早就造出了“虫”字。但是，在甲骨文和金文中，“虫”都有一个三角形的头，身体长而卷曲，形象就是一条毒蛇的样子，甲骨文的“虫”甚至画出了蛇的眼睛。小篆“䖵”由三个“虫”叠加而成，表示虫的种类繁多。后来为书写方便，简化为现在的“虫”字。但是，小朋友你知道吗？古人有时也用虫来指昆虫以外的动物，比如有的地方把老虎也归为虫，称作“大虫”。另外，在汉字中，“虫”也是个部首字，表示虫类或与虫有关的字基本都有“虫”字做偏旁，如“蜂、蚁、蚕”等字。

chóng zì de yǎn biàn
【“虫”字的演变】

甲骨文　金文　小篆　隶书　简体字

yīng yǔ yì diǎn tōng
【英语一点通】

“虫”的英文有 insect、bug、worm 等。其中：bug 一般指小昆虫，尤指吸血的臭虫；worm 常指蚯蚓、蚕、毛虫等小虫；而 insect 含义最广，多指蚂蚁、黄蜂、蝉等昆虫。不过短语 a big bug 并非指“大臭虫”，而是人们对“名人、要人”的贬称。

kē pǔ xiǎo zhī shi
【科普小知识】

kūn chóng shǔ yú wú jǐ zhuī dòng wù de jié zhī dòng wù mén de
昆虫属于无脊椎动物的节肢动物门的
kūn chóng gāng shì suǒ yǒu shēng wù zhōng zhǒng lèi jí shù liàng zuì
昆虫纲，是所有生物中种类及数量最
duō de yì qún shì jiè shàng yǐ fā xiàn yǒu duō wàn zhǒng
多的一群，世界上已发现有100多万种。
kūn chóng zài shēng tài quān zhōng bàn yǎn zhe hěn zhòng yào de jué
昆虫在生态圈中扮演着很重要的角
sè bǐ rú chóng méi huā xū yào dé dào kūn chóng rú mì fēng
色，比如虫媒花需要得到昆虫，如蜜蜂、
hú dié děng de bāng zhù cái néng chuán bō huā fěn fǒu zé jiù bù
蝴蝶等的帮助，才能传播花粉，否则就不
néng chǎn shēng huā zhǒng méi yǒu le huā zhǒng nà jiù bù kě néng
能产生花种，没有了花种，那就不可能
zài zhǎng chū xīn de zhí zhū lái
再长出新的植株来。

蛇

tā zì zuò wéi dài cí zài xiàn zài yì bān yòng yú zhǐ chēng
“它”字作为代词，在现在一般用于指称
rén yǐ wài de shì wù dàn shì xiǎo péng you men kě néng xiǎng bú
人以外的事物。但是，小朋友们可能想不
dào tā shì shé de gǔ tǐ zì zài shàng gǔ shí qī
到，“它”是“蛇”的古体字，在上古时期，
tā de yì si jiù shì shé nǐ kàn kan jiǎ gǔ wén zhōng de
“它”的意思就是蛇。你看看甲骨文中的
tā zì wán quán jiù shì yì tiáo yǒu zhe jù dà de sān jiǎo xíng nǎo
“它”字，完全就是一条有着巨大的三角形脑
dai de dú shé zài jīn wén zhōng tā zì gèng shì tū chū le
袋的毒蛇。在金文中，“它”字更是突出了
dú shé de sān jiǎo xíng de tóu dào xiǎo zhuàn tā zì gèng qū
毒蛇的三角形的头。到小篆，“它”字更趋
xiàn tiáo huà hòu lái suí zhe wén zì de yǎn biàn tā zì bèi
线条化。后来，随着文字的演变，“它”字被
zhuān mén yòng zuò dài cí zhǐ chēng rén yǐ wài de shì wù yòu wèi le
专门用作代词，指称人以外的事物；又为了
qū fēn gāi zì zhōng shé de hán yì hòu rén jiù zài tā zì de
区分该字中蛇的含义，后人就在“它”字的
páng biān zēng jiā le yí gè biǎo yì de piān páng chóng yě jiù
旁边增加了一个表意的偏旁“虫”，也就
chéng le shé zì yú shì zhè ge xīn chuàng zào de shé zì
成了“蛇”字。于是，这个新创造的“蛇”字
jiù yòng lái biǎo shì shé de gài niàn bèi yì zhí yán yòng zhì jīn
就用来表示蛇的概念，被一直沿用至今。

shé zì de yǎn biàn
【“蛇”字的演变】

甲骨文　金文　小篆　隶书　简体字

yīng yǔ yì diǎn tōng
【英语一点通】

“蛇”的英文是 snake。在英文中，snake 也指“阴险的人”，例如，a snake in the grass 即指“隐患、暗藏的敌人”。另外，和 snake 的音、形易混的词有 cake（蛋糕）、lake（湖）、make（制作）、wake（唤醒）等。小朋友可用“在湖边做蛋糕时惊醒了一条蛇”来联想记忆这些单词。

xiǎo péng you tīng gù shi
【小朋友听故事】

jù shuō hěn jiǔ yǐ qián tuō pí de bú shì shé ér shì rén
据说，很久以前，脱皮的不是蛇而是人。
dāng rén huó dào yí dìng nián líng jiù huì biàn lǎo zhè shí tā men
当人活到一定年龄就会变老，这时他们
biàn huì duǒ dào mén de jiǎo luò děng qī tiān qī yè zhī hòu rén
便会躲到门的角落。等七天七夜之后，人
jiù huì tuō diào shēn shàng de lǎo pí chóng xīn biàn de nián qīng
就会脱掉身上的老皮，重新变得年轻。
dàn shì zhè yàng rén huì hěn tòng kǔ yú shì tiān shén shuō bú
但是这样人会很痛苦，于是天神说：“不
rú ràng shé tuō pí ba ràng rén shǎo yì diǎn tòng kǔ cóng cǐ
如让蛇脱皮吧，让人少一点痛苦。”从此
yǐ hòu shé jiù kāi shǐ měi yì nián dōu tuō pí le
以后，蛇就开始每一年都脱皮了。

鼠

dòng huà piàn māo hé lǎo shǔ zhōng xiǎo lǎo shǔ jié ruì shì yì
动画片《猫和老鼠》中，小老鼠杰瑞是一
zhī cōng míng kě ài de lǎo shǔ dàn shì zài wǒ men de shēng huó
只聪明可爱的老鼠。但是，在我们的生活
zhōng lǎo shǔ què hěn lìng rén tǎo yàn tā men chuán bō jí bìng jīng
中，老鼠却很令人讨厌：它们传播疾病、经
cháng yǎo làn yī wù tōu chī dōng xi gǔ rén hěn liǎo jiě lǎo shǔ
常咬烂衣物、偷吃东西。古人很了解老鼠
de xí xìng zài zào shǔ zì shí tū chū le tā tōu chī de tè
的习性，在造“鼠”字时突出了它偷吃的特
diǎn jiǎ gǔ wén zhōng shǔ zì shì yì zhī lǎo shǔ de cè miàn xíng
点：甲骨文中，“鼠”字是一只老鼠的侧面形
xiàng tā tóu shàng de xiǎo diǎn jiù shì tōu chī dōng xi hòu liú xià de
象，它头上的小点就是偷吃东西后留下的
suì xiè jīn wén xiǎo zhuàn zhōng shǔ zì gèng kuā dà le lǎo shǔ
碎屑；金文、小篆中，“鼠”字更夸大了老鼠
zhāng zuǐ zī yá de xíng xiàng lì shū yǐ zhì jiǎn tǐ zì dōu zài cǐ
张嘴龇牙的形象；隶书以至简体字都在此
jī chǔ shàng yǎn biàn ér lái tè bié shì shǔ zì de zuì hòu yì
基础上演变而来，特别是“鼠”字的最后一
bǐ hái shi bǎo liú le jǐ fēn lǎo shǔ wěi ba de yǐng zi yīn wèi
笔，还是保留了几分老鼠尾巴的影子。因为
rén men duì lǎo shǔ méi yǒu hǎo gǎn suǒ yǐ hàn yǔ zhōng yǔ shǔ xiāng
人们对老鼠没有好感，所以汉语中与鼠相
guān de cí yǔ tōng cháng dōu jù yǒu biǎn yì sè cǎi bǐ rú shǔ
关的词语通常都具有贬义色彩，比如“鼠
bèi shǔ mù cùn guāng bào tóu shǔ cuàn děng
辈、鼠目寸光、抱头鼠窜”等。

shǔ zì de yǎn biàn

【“鼠”字的演变】

甲骨文　金文　小篆　隶书　简体字

yīng yǔ yì diǎn tōng
【英语一点通】

“鼠”的英文有 mouse 和 rat。mouse 指形态较小的老鼠或田鼠，rat 指个头稍大的老鼠或山鼠。另外，mouse 还可表示“安静、害羞、胆小的人”或“鼠标”，而 rat 则有“内奸、告密者”等含义。小朋友还要记住：mouse 的复数形式是 mice，而 look like a drowned rat 则指“像落汤鸡一样”。

cí yǔ jù bǎo pén
【词语聚宝盆】

lǎo shǔ guò jiē rén rén hǎn dǎ yòng lái bǐ yù hài rén de
“老鼠过街，人人喊打”用来比喻害人的
dōng xi dà jiā yí zhì tòng hèn lì rú rén men duì fàn zuì fèn
东西，大家一致痛恨。例如：人们对犯罪分
zǐ shēn wù tòng jué jiù xiàng lǎo shǔ guò jiē rén rén hǎn dǎ
子深恶痛绝，就像“老鼠过街，人人喊打”。
hé lǎo shǔ guò jiē rén rén hǎn dǎ jìn yì de cí yǒu bào tóu
和“老鼠过街，人人喊打”近义的词有“抱头
shǔ cuàn luò huāng ér táo táo zhī yāo yāo děng fǎn yì de cí
鼠窜、落荒而逃、逃之夭夭”等，反义的词
yǒu míng mù zhāng dǎn děng
有“明目张胆”等。

龟

xiǎo péng you dōu tīng guo guī tù sài pǎo de gù shi xiǎo wū
小朋友都听过“龟兔赛跑”的故事，小乌
guī néng yíng le xiǎo tù zi jiù shì yīn wèi tā bù jiāo ào néng jiān
龟能赢了小兔子就是因为它不骄傲、能坚
chí dàn shì nǐ zhī dào ma wū guī hái shi yì zhǒng shòu mìng hěn
持。但是你知道吗？乌龟还是一种寿命很
cháng dài biǎo jí xiáng de dòng wù gǔ rén rèn wéi tā yǒu líng qì
长、代表吉祥的动物。古人认为它有灵气，
zài wǒ guó de yīn shāng shí dài hái yòng guī ké lái zhān bǔ guī
在我国的殷商时代还用龟壳来占卜。“龟”
zì xiàn zài de yì si hé gǔ dài yí yàng dōu shì zhǐ wū guī nǐ
字现在的意思和古代一样，都是指乌龟。你
zǐ xì kàn kan jiǎ gǔ wén hé jīn wén zhōng de guī zì shì bú
仔细看看，甲骨文和金文中的“龟”字是不
shì tè bié xiàng yì zhī pā zhe de wū guī xiǎo zhuàn zhōng de
是特别像一只趴着的乌龟？小篆中的
guī zì cóng jiǎ gǔ wén yǎn biàn ér lái huà de shì wū guī de cè
“龟”字从甲骨文演变而来，画的是乌龟的侧
miàn tú xíng lì shū zhōng zì xíng yǐ wán quán fú hào huà bú zài
面图形。隶书中，字形已完全符号化，不再
jù yǒu xiàng xíng de yì wèi hàn zì jiǎn huà hòu zì xíng gù dìng wéi
具有象形的意味。汉字简化后，字形固定为
guī gèng shì yǔ jiǎ gǔ wén zhōng guī de xíng xiàng xiāng qù shèn
“龟”，更是与甲骨文中龟的形象相去甚
yuǎn le
远了。

guī zì de yǎn biàn
【“龟”字的演变】

甲骨文　金文　小篆　隶书　简体字

yīng yǔ yì diǎn tōng
【英语一点通】

“龟”的英文是 tortoise，指的是陆地上的乌龟，而“海龟”则由另外一个单词 turtle 来表示。例如，“龟兔赛跑”中的“乌龟”一词即为 tortoise。另外，如果给 turtle 加上一个表示“脖子”的词 neck，即 turtleneck，它可不是指“海龟的脖子”，而是指“高领绒衣”。

kē pǔ xiǎo zhī shi
【科普小知识】

shì jiè shàng shù liàng zuì duō de guī shì hóng ěr guī shù liàng
世界上数量最多的龟是红耳龟，数量
zuì shǎo de guī shì yún nán bì ké guī tǐ xíng zuì dà de guī shì
最少的龟是云南闭壳龟；体形最大的龟是
tài píng yáng léng pí guī tǐ xíng zuì xiǎo de guī shì mí nǐ shè
太平洋棱皮龟，体形最小的龟是迷你麝
xiāng guī zuì nài hàn de guī shì āi jí lù guī zuì lí bù kāi shuǐ
香龟；最耐旱的龟是埃及陆龟；最离不开水
de dàn shuǐ guī shì zhū bí guī hé zhōng měi zhōu hé guī tā men lí
的淡水龟是猪鼻龟和中美洲河龟，它们离
kāi shuǐ jǐ xiǎo shí biàn yǒu shēng mìng wēi xiǎn
开水几小时便有生命危险。

鱼

xiǎo péng you xǐ huan chī yú ma yú ròu yíng yǎng fēng fù wèi
小朋友喜欢吃鱼吗？鱼肉营养丰富、味
dào xiān měi shì rén lèi zhòng yào de shí wù yuǎn gǔ shí hou rén
道鲜美，是人类重要的食物。远古时候，人
men jiù céng kào bǔ yú shòu liè wéi shēng zài jiǎ gǔ wén zhōng
们就曾靠捕鱼、狩猎为生。在甲骨文中，
yú zì jiù shì yì tiáo dà yú de tú àn yǒu yú qí yú wěi
“鱼”字就是一条大鱼的图案，有鱼鳍、鱼尾；
jīn wén zhōng de yú duō le liǎng diǎn biǎo shì shuǐ dī xiǎo zhuàn
金文中的“鱼”多了两点，表示水滴；小篆
zài cǐ jī chǔ shàng jìn xíng jiǎn huà dàn yú de xíng xiàng méi yǒu hěn
在此基础上进行简化，但鱼的形象没有很
dà biàn huà lì shū zhōng yuán lái biǎo shì yú wěi hé shuǐ dī de bù
大变化；隶书中，原来表示鱼尾和水滴的部
fen biàn wéi sì diǎn dào le jiǎn huà zì zhè sì diǎn yòu yǐ yì héng
分变为四点；到了简化字，这四点又以一横
dài tì zhěng gè zì yě jiù yǎn biàn wéi yú zài hàn zì zhōng
代替，整个字也就演变为“鱼”。在汉字中，
yú hái shi yí gè bù shǒu zì biǎo shì yú de zhǒng lèi huò yǔ
“鱼”还是一个部首字，表示鱼的种类或与
yú xiāng guān de zì jī běn dōu yǒu yú zì zuò piān páng bǐ rú
鱼相关的字基本都有“鱼”字做偏旁，比如
jīng shā lián nián bào děng zì
“鲸、鲨、鲢、鲇、鲍”等字。

yú zì de yǎn biàn

【“鱼”字的演变】

甲骨文	金文	小篆	隶书	简体字
			魚	鱼

【英语一点通】

“鱼”的英文是 fish。与 fish 相关的谚语有“Never offer to teach fish to swim.”，直译为“不要提出去教鱼游泳”，其寓意为“不要班门弄斧”，其中 never 指“从不”，offer 指“主动提出”，swim 指“游泳”。另外，和 fish 易混的词有 dish(盘子)、wish(希望)等。

【科普小知识】

鲸鱼是鱼吗？小朋友或许以为它们属鱼类，事实上它们是一种生活在海洋中的哺乳动物。鲸鱼头部大，眼睛小，没有外耳壳；鼻孔有一个或两个，长在头顶。鲸鱼的颈部不明显，前肢呈鳍状，后肢则完全退化。鲸鱼具有和陆上哺乳动物相同的生理特征：一是用肺呼吸，在水面吸气后即潜入水中，可以潜泳 10 到 45 分钟；二是胎生，母鲸通常每胎产一崽，以乳汁哺育幼鲸。